马克思主义简明读本

解读《1844年经济学哲学手稿》

丛书主编：韩喜平

本书著者：闵　凯

编　委　会：韩喜平　邵彦敏　吴宏政
　　　　　　王为全　罗克全　张中国
　　　　　　王　颖　石　英　里光年

吉林出版集团股份有限公司

图书在版编目（CIP）数据

解读《1844年经济学哲学手稿》/闵凯著.--长春:吉林出版集团股份
有限公司，2014.4（2021.2重印）
（马克思主义简明读本）

ISBN 978-7-5534-2630-3

Ⅰ.①解…Ⅱ.①闵…Ⅲ.①《1844年经济学哲学手稿》—马克思著作研
究Ⅳ.①A811.21

中国版本图书馆CIP数据核字（2013）第174246号

解读《1844年经济学哲学手稿》
JIEDU 1844NIAN JINGJIXUE ZHEXUE SHOUGAO

丛书主编：韩喜平
本书著者：闵　凯
项目策划：周海英　耿　宏
项目负责：周海英　耿　宏　宫志伟
责任编辑：宫志伟
出　　版：吉林出版集团股份有限公司
发　　行：吉林出版集团社科图书有限公司
电　　话：0431-81629720
印　　刷：永清县晔盛亚胶印有限公司
开　　本：710mm×960mm　1/16
字　　数：100千字
印　　张：12
版　　次：2014年4月第1版
印　　次：2021年2月第4次印刷
书　　号：ISBN 978-7-5534-2630-3
定　　价：36.00元

如发现印装质量问题，影响阅读，请与出版方联系调换。

序　言

习近平总书记指出，青年最富有朝气、最富有梦想，青年兴则国家兴，青年强则国家强。青年是民族的未来，"中国梦"是我们的，更是青年一代的，实现中华民族伟大复兴的"中国梦"需要依靠广大青年的不断努力。

要提高青年人的理论素养。理论是科学化、系统化、观念化的复杂知识体系，也是认识问题、分析问题、解决问题的思想方法和工作方法。青年正处于世界观、方法论形成的关键时期，特别是在知识爆炸、文化快餐消费盛行的今天，如果能够静下心来学习一点理论知识，对于提高他们分析问题、辨别是非的能力有着很大的帮助。

要提高青年人的政治理论素养。青年是祖国的未来，是社会主义的建设者和接班人。党的十八大报告指出，回首近代以来中国波澜壮阔的历史，展望中华民族充满希望的未来，我们得出一个坚定的结论——实现中华民族伟大复兴，必须坚定不移地走中国特色社会主义道路。要建立青年人对中国特色社会主义的道路自信、理论自信、制度自信，就必须要对他们进行马克思主义理论教育，特别是中国特色社会主义理论体系教育。

要提高青年人的创新能力。创新是推动民族进步和社会发展的不竭动力，培养青年人的创新能力是全社会的重要职责。但创新从来都是继承与发展的统一，它需要知识的积淀，需要理论素养的提升。马克思主义理论是人类社会最为重大的理论创新，系统地学习马克思主义理论有助于青年人创新能力的提升。

要培养青年人的远大志向。"一个民族只有拥有那些关注天空的人，这个民族才有希望。如果一个民族只是关心眼下脚下的事情，这个民族是没有未来的。"马克思主义是关注人类自由与解放的理论，是胸怀世界、关注人类的理论，青年人志存高远，奋发有为，应该学会用马克思主义理论武装自己，胸怀世界，关注人类。

正是基于以上几点考虑，我们编写了这套《马克思主义简明读本》系列丛书，以便更全面地展示马克思主义理论基础知识。希望青年朋友们通过学习，能够切实收到成效。

韩喜平

2013年8月

目　录

引　言 / 001

第一章　《1844年经济学哲学手稿》的问世 / 004

第一节　《1844年经济学哲学手稿》写作的历史背景 / 004

第二节　《1844年经济学哲学手稿》的出版概况 / 023

第三节　《1844年经济学哲学手稿》的文本结构 / 025

第二章　《1844年经济学哲学手稿》的内容介绍 / 032

第一节　发现问题——政治经济学著作的大量阅读 / 032

第二节　提出问题——异化劳动的被发现 / 054

第三节　解决问题——共产主义是扬弃异化的途径 / 098

第三章　《1844年经济学哲学手稿》中马克思对前人思想的反思 / 118

第一节　对亚当·斯密经济理论的评论 / 118

第二节　对大卫·李嘉图经济理论的评论 / 124

第三节　对魁奈的重农主义学说的评论 / 128

第四节　对以布鲁诺·鲍威尔为首的青年黑格尔派的批判/132

第五节　对费尔巴哈哲学的评价 / 136

第六节　对黑格尔哲学的剖析 / 142

第四章　《1844年经济学哲学手稿》的地位、价值及其评价 / 156

第一节　《1844年经济学哲学手稿》的历史地位 / 156

第二节　《1844年经济学哲学手稿》的当代价值 / 158

第三节　《1844年经济学哲学手稿》的评价 / 162

引　言

　　《1844年经济学哲学手稿》（以下简称《手稿》）是马克思早期最重要的手稿之一，它孕育了马克思主义理论体系的雏形，被认为是创立马克思主义理论体系的开端。可以说，《手稿》是马克思思想发生重要转变时期的标志性著作。

　　在这部经典著作中，我们可以了解到马克思为什么会从哲学研究转向经济学研究？为什么由青年黑格尔派积极分子转向对黑格尔哲学的批判？为什么寻找到共产主义作为理想的社会制度？这些都源起于马克思在生活实践和斗争实践中的发现，即要真正解决人与人之间的关系，必须到从物质利益关系中去寻找，所以马克思开始对政治经济学著作进行大量研读，也正是在研读的过程中发现工资、利润和地租背后所映现的三种不同社会阶层的生活境遇，并在思想史上首次提出异化劳动的概念，指出异化劳动是私有财产产生根源，异化劳动与私有财产的相互作用形成了资产阶级与无产阶级，剥削与被剥削关系。指出只有共产主义的实现才能真正扬弃异化劳动和私有财产，从而消灭剥削，让人像人一样地活着。

值得注意的是，异化劳动的发现为马克思打开了一扇通往广阔天地的大门，因为《手稿》中对异化劳动理论的阐述，在马克思以后的研究中以各种形式融入到马克思主义经济学、政治学、哲学等不同学科之中，从而成为马克思自己对哲学、政治经济学，以及共产主义等学说进行考察的基本的理论上的依据。因此，有学者还把异化劳动理论看成是一把解开历史之谜的钥匙。异化劳动理论的重要性不仅仅体现在其中具体包含的哲学、政治经济学、共产主义、人本思想等内容，还体现在其中所蕴涵着的丰富的辩证性的思维方式方法。

在《手稿》的最后，马克思对黑格尔派和黑格尔哲学进行了剖析与批判，正是在对黑格尔哲学的批判中升华了自己对辩证法和历史唯物主义的认识，为建立自己的理论体系打下了良好的基础。同时，手稿中的异化劳动思想也为我国建设社会主义和谐社会提供了有益的参考。

在我国建设社会主义的过程，由于受现实社会的经济因素以及社会历史传统意思等因素的影响，社会中出现了很多不符合我们建设和谐社会的现象，比如金钱至上、道德伦理涣散、人生观价值观片面发展、自然环境以及自然资源严重破坏，这些现象都是与我们社会主义本质不相和谐的。所以对《手稿》再次研读，这不仅在新的社会条件下对我们理解马克思主义有所帮助，更重要的是对我们社会现实有着重要的启迪意义。

第一章　《1844年经济学哲学手稿》的问世

第一节　《1844年经济学哲学手稿》写作的历史背景

马克思的《1844年经济学哲学手稿》（以下简称《手稿》），是马克思主义的经典文献，在马克思主义形成过程中占有重要位置。《手稿》的产生不是偶然的，它与马克思所处的时代密不可分，我们知道，任何一种思想的产生，都离不开时代的孕育，是其时代的产物，马克思的思想也是如此。所以，只有了解马克思写作《手稿》的历史背景，了解马克思写作《手稿》的过程，我们才能更好地把握《手稿》的实质。

1843年10月到1845年初旅居巴黎期间，是马克思思想发展过程中一个非常重要的转折时期，就是在这个时期，马克思写下了第一批关于政治经济学的笔记，被称为"巴黎笔记"，这是他一生研究政治经济学、撰写政治经济学巨著的开始。《手稿》就是这个马克思思想发生重要转折期间的标志性著作。那么，马克思的思想为什么会发生转变？他为什么要转向对政治经济学的研究而不是其他学科？这与他所处的时代和他的经历有着密切的关系。

19世纪40年代初，在大学求学的马克思和大多数的青年一样，充满朝气，热爱生活，关心国家的发展，关注社会的变化，对探究这个世界充满了渴望。马克思大学所读的专业是法律，但是对他来说更感兴趣的是哲学。所以1837年马克思放弃了法学研究，转向了黑格尔哲学。柏林大学当时是黑格尔学说的中心。他研读了黑格尔的全部著作，翻阅了黑格尔学生的许多著作，并加入了由布鲁诺·鲍威尔、鲁滕堡、科本等人组成的"博士俱乐部"，参与讨论黑格尔哲学和政治问题。这时候，他接受了黑格尔的唯心主义哲学，成了青年黑格尔派的一员，希望在哲学的世界中寻找出认识社会、解决社会问题的方法。

1841年马克思大学毕业时本来想当大学教授，但由于普鲁士王国政府变本加厉的反动，费尔巴哈、施特劳斯和布鲁诺·鲍威尔等先后被赶出了大学，从而使马克思断绝了当教授的希望。从这时开始，马克思就不再从事纯理论的研究，而是开始以哲学为武器，积极投入了当时的政治斗争。1841年马克思发表了自己的博士论文——《论德谟克利特的自然哲学和伊壁鸠鲁的自然哲学的区别》，这是一篇哲学论文，并在论文中表示要参与"反对一切天上的和地下的神灵"的斗争，可以说，这时的马克思开始以革命民主主义者的姿态登上了社会舞台。

1842年4月，大学毕业的马克思开始为《莱茵报》撰稿，同年10月成为该报编辑。在《莱茵报》工作期间，马克思对工作投入了极大的热情，并且积极参与社会活动，面对德国的现实敢于作直接的斗争，他写了很多文章揭露和批判反动的普鲁士政府，尤其是在关于出版自由的辩论中，他猛烈地抨击了普鲁士的专制制度。例如他在《论普鲁士的等级会议》这篇文章中指出："真正的国家是人民自己活动的产物，即不是由其他人产生人民的代表，而是人民自身产生出代表权。要有代表——一般说来这是受动的东西；只有物质的、无生气的、不独立的、无保护的东西才需要代表权。但是，国家的任何一个成分都不应是物质的、无生气的、不独立的、无保护的，不应当把代表权看作某种并非人民本身的特殊事物的代表权，而只应看作人民自身的代表权，看作这样一种国务活动，即它不是唯一的、独特的国务活动，跟人们的国家生活的其他表现所不同的只是它的内容的普通性。"在他的努力下，《莱茵报》的政治面目焕然一新，他的实事、客观唯物主义观点在人民心目中产生了共鸣，成为当时著名的德国革命民主派的机关报。《莱茵报》在马克思领导下异常活跃起来。

可以说《莱茵报》时期是马克思真正参加德国的政治斗争的开始。在此期间，马克思还接触到了大量的政治问题、经济问题等社会现实问题，并写了大量的文章来表达自己对普鲁士反动专制政策的不满，对广大贫穷的劳动群众给予同情，勇于宣传自己的政治主张。在这一时期的斗争实践中，特别是林木盗窃案和摩塞尔河地区农民状况的研究，使马克思开始认识到"物质利益"是各个不同阶级之间的斗争之源。在关于林木盗窃法的辩论中，他坚定地站在劳动人民的立场上，捍卫他们的物质利益，揭露普鲁士国家是为林木所有者服务的，是林木所有者的工具。

那么就让我们来了解一下林木盗窃法案的发生过程：19世纪初，由于德国资本主义的发展，加速了人民的贫困化，迫使贫苦的穷人到树林里捡拾倒树和枯枝、野果等作为生活物质不足的补充。这是历史上早已形成的穷人们的习惯权利，但是，普鲁士国家为了维护林木所有者的利益，早在1826年就颁布法律，对于擅自砍伐林木和盗窃树木者处以刑罚。虽然如此，触犯林木所有者利益的诉讼案件却仍然逐年有增无减。1836年，在普鲁士因这类行为而受到惩罚的有15万人，占全部刑事案件的77%。为此，普鲁士政府便提出了一个更加严厉的新法案，交由莱茵省议会讨论。在省议会讨论过程中，贵族等级和林木占有者为了自己贪婪的私利，极度扩大盗窃的概念，甚至把穷孩子们在树林捡拾一些枯枝和野果也列入"盗窃"的范围。森林条例违反者除了赔偿经济损失外，还要被处以4倍、6倍甚至8倍的罚款和特别赔偿。如果缴纳不起，就被罚服劳役。法案还规定，森林条例违反者对林木所有人造成的损失要由作为国家官员的看守人来认定和估价。被罚劳役者的工作也责成作为国家地方行政官的乡镇长管理，以便用这些劳役者的劳动来顶替林木占有者对乡镇所应尽的修缮公共道路的义务。马克思在1842年10月根据莱茵省议会的辩论情况，写了第六届莱茵省议会《关于林木盗窃法的辩论》一文。马克思就这样通过对议会活动的批评，保护受压迫、受剥削的劳苦群众的利益。这时马克思开始认识到，不仅省的议会，而且整个国家都是保护私有制的，它们不过是有产者的奴仆和工具而已。

马克思一方面竭力为贫苦人民辩护，另一方面感到自己在接触这些经济问题时知识欠缺，正如他后来自己说的，对林木盗窃法和摩塞尔河地区农民状况的研究，推动他由政治研究转向经济关系研究。恩格斯在1895年4月15日给理查·费舍的信中说："……我曾不止一次地听到马克思说，正是他对林木盗窃法和摩塞尔河地区农民处境的研究，推动他由研究纯政治转向研究经济关系，并从而走向社会主义。"马克思在1859年也谈道："1842—1843年间，我作为《莱茵报》的主编，第一次遇到要对所谓物质利益发表意见的难事。……是促使我去研究经济问题的最初动因"。

由于《莱茵报》激进的革命民主主义和对普鲁士政府的无情揭露和尖锐批判，终于激怒了当局。1843年1月，普鲁士当局决定自4月1日起禁止《莱茵报》出版。《莱茵报》的其他成员曾想用放弃报纸的原则立场来换取撤销查封的命令，马克思不同意这种做法，于是他宣布退出编辑部，并在《莱茵报》第77号刊登了一个启示："本人因现行书报检查制度的关系，自即日起，退出《莱茵报》编辑部，特此声明。"可以说这个声明是马克思对普鲁士书报检查制度的抗议。马克思在1月25日给卢格写信："我对这一切都不感到惊奇。你知道，我从一开始对书报检查就会抱怎样的看法。这件事在我看来只不过是一个必然的结果，我从《莱茵报》被查封一事看到了政治觉悟的某些进步。因此我决定不干了，而且，在这种气氛下我也感到窒息。即使是为了自由，这种桎梏下的生活也是令人厌恶的，我讨厌这种小手小脚而不是大刀阔斧的做法。伪善、愚昧、赤裸裸的专横以及我们的曲意奉承、委曲求全、忍气吞声、谨小慎微使我感到厌倦。总而言之，政府把自由还给我了。"

马克思在《莱茵报》工作的时间虽然不长，但却是他人生的一次重大转折。《莱茵报》被查封的严酷现实，打击了刚刚步入社会、立志改造社会的青年马克思，但是也让马克思陷入了思考。正是在这期间，他第一次接触到了社会现实，认识到社会矛盾的根源在于物质利益的对立，他自觉地、坚定地站在人民的立场上，为捍卫他们的利益而斗争。也是在这个时期，马克思对黑格尔哲学产生了怀疑。按黑格尔哲学原则，国家应是理性的实现，国家是人类理性的体现和历史发展的动力。然而，他所面临的普鲁士国家却仅仅是富人的工具，它解决每一个实际事务考虑的只是富人的利益，而不是什么国家的理性和国家的伦理。正是这些疑问，动摇了他原来所信仰的黑格尔哲学体系，对黑格尔的国家、法的唯心主义思想观念产生了怀疑，促使马克思离开黑格尔，去关心现实物质利益问题。马克思这些变化表明：他已从一个自由主义者转变为革命民主主义者，由一个唯心主义哲学的信奉者开始向唯物主义转变。

15年后马克思在回忆这段经历时写道："1842年—1843年间，我作为《莱茵报》的编辑，第一次遇到要对所谓物质利益发表意见的难事。莱茵省议会关于林木盗窃和地产分析的讨论，当时的莱茵省总督冯·沙培尔先生就摩塞尔农民状况同《莱茵报》展开的官方论战，最后，关于自由贸易和保护关税的辩论，是促使我去研究问题的最初动因。……我倒非常乐意利用《莱茵报》发行人以为把报纸的态度放温和些就可以使那已经落在该报头上的死刑判决撤销的幻想，以便从社会舞台退回书房。"

于是，1843年6月马克思来到克罗兹纳赫，在这里他刻苦读书，潜心钻研。因此这段时间被称为马克思思想发展过程中的"克罗兹纳赫时期"。如果说"《莱茵报》时期"，马克思积极介入社会事物，那么"克罗兹纳赫时期"则是马克思退回到书房、开始潜心读书的阶段，马克思在这里又开始了专心致志的理论研究工作。

马克思通过自己的理论研究工作来总结、分析他在《莱茵报》时期所遇到的各种实际问题，他在《莱茵报》时期所遇到的重大的政治、经济问题都是和国家的问题相联系的。这些现实的问题有：政治问题、经济问题和现实矛盾、冲突斗争，它们动摇了他原来所信仰的黑格尔哲学体系，对黑格尔的国家、法的唯心主义思想观念产生了怀疑。因此，马克思为解决使他苦恼的物质利益问题，决定重新剖析黑格尔的国家学说，重新探讨国家的本质及其国家同社会的关系，以解开自己的困惑。马克思说："为了解决使我苦恼的问题，我写的第一部著作是对黑格尔法哲学的批判性分析"，这就是《黑格尔法哲学批判》一书。

这部著作探讨的中心问题是国家与市民社会的关系。在黑格尔那里，市民社会和家庭不具有真正独立性，他们从属于国家，必须服从于国家和法律。这就是说，国家决定市民社会。马克思的研究发现：法的关系正像国家的形式一样，既不能从它们本身来理解，也不能从所谓人类精神的一般发展来理解，相反，它们根源于物质的生活关系，这种物质生活关系的总和，黑格尔按照18世纪英国人和法国人的先例，把它们概括为"市民社会"。对市民社会的解剖和说明不应该到哲学中去寻找，而应该到政治经济学中去寻找。这里所谓的"市民社会"，就是指人与人之间的经济关系的领域，就是说，市民社会决定国家，国家的真正基础存在于经济的事实之中。所以，马克思在批判黑格尔唯心主义国家观的同时，还广泛深入地对历史与政治进行了研究，对资产阶级社会和资产阶级国家进行了历史的批判分析，这是马克思第一次自觉地对黑格尔唯心主义哲学进行批判，为以后进一步全面批判分析黑格尔哲学奠定了基础。所以通过对黑格尔法哲学的批判，马克思的思想观点不仅脱离了黑格尔的唯心主义，而且向着历史唯物主义迈进了一大步。这使马克思认识到单靠理论批判，是不切实际的，不能积极有效地解决社会问题，更主要的是，这使马克思进一步地明确了要通过经济问题的研究来探索社会发展奥秘的新方向。

可以说，在"巴黎手稿"（1843年10月）之前，马克思所论述的都是由政治辩论牵扯到一些经济问题，并没有直接地接触到政治经济学，只是接触到某种经济政策在实施后的一些结果。

1843年10月马克思来到了巴黎，当时的巴黎是欧洲革命的中心，是各种流派思想家、革命家的集中地之一，特别是巴黎的无产阶级对资产阶级的尖锐的、激烈的斗争气氛，给马克思带来了许多新的感受，这些都对马克思实地考察资本主义社会和研究社会主义学说提供了适当的条件。所以，马克思到了巴黎后，立即与卢格合作筹办了《德法年鉴》杂志。在《德法年鉴》上，马克思发表了两篇文章——《论犹太人问题》和《〈黑格尔法哲学批判〉导言》，标志着马克思从唯心主义向唯物主义，从革命民主主义到共产主义转变，是马克思主义形成过程中决定性阶段开始的光辉文献。这两篇文章分析了"政治解放"和"人的解放"这两种革命在性质上的根本区别。

犹太人问题，在当时的德国是一个比较突出的社会现实问题。住在德国的犹太人，多信奉犹太教，因此，长期受到以基督教为国教的普鲁士国家的歧视和压制。1815年普鲁士政府颁布了关于犹太人不能担任公职，在国家中只能居于从属地位的命令。犹太人要求与基督教徒享受平等权利，一直遭到政府的拒绝。但由于犹太人善于从事工商业和高利贷活动，在经济领域中有较大势力，普鲁士国家又不得不容忍和保护他们。随着资产阶级民主运动在德国的发展，19世纪40年代初在德国展开了关于犹太人解放问题的讨论。马克思上大学时的朋友，"博士俱乐部"成员布鲁诺·鲍威尔在1842年底到1843年初，接连发表了《犹太人问题》、《现代犹太人和基督徒获得自由的能力》两篇论文。认为基督教德国的宗教本质决定了它不能解放犹太人，犹太教的宗教狭隘性的本质也决定了犹太人不能获得解放。这实际上是把犹太人及一般德国人的解放问题归结为了宗教问题，是在宣传要实现民族解放必须先消灭民族宗教的谬论。

所以在《论犹太人问题》一文中，马克思批驳了布鲁诺·鲍威尔写的《犹太人问题》的小册子：在这个小册子中，鲍威尔混淆了宗教解放与政治解放和政治解放与人类解放的关系。鲍威尔认为犹太人与基督徒之间的对立在于宗教。犹太人由于坚持自己的信仰，所以同社会产生了对立。鲍威尔主张犹太人放弃犹太教，基督徒放弃基督教，假如一切人都从宗教信仰中解放出来，那么，人们就能从政治上获得解放。鲍威尔把犹太人同社会对立这样一个政治问题转化为宗教问题。马克思认为犹太人问题不是单纯的宗教问题，而是一个政治问题。他从市民社会与宗教的关系进行分析，指出："在我们看来，宗教已经不是世俗狭隘性的原因，而只是它的表现。因此，我们用自由公民的世俗桎梏来说明他们对宗教桎梏。我们并不认为，公民要消灭他们的世俗桎梏，必须首先克服他们的宗教狭隘性。……我们不把世俗问题化为神学问题，我们要把神学问题化为世俗问题。"在当时的德国，所谓政治解放，就是通过资产阶级革命，推翻封建专制统治，消灭贵族等级制度，使每个人都获得平等的公民权，这在法国和美国经过资产阶级革命后已经实现，但它们并没有消灭宗教，可见政治解放同宗教解放不是一回事。

　　在马克思看来政治解放本身还不是人类解放，因为政治解放并不是整个社会的解放，只是社会上一部分人的解放，在当时来说，也就是资产阶级的解放。所以，马克思提出人类解放的根本前提是消灭私有制。他说："只有当现实的个人同时也是抽象的公民，并且作为个人，在自己的经验生活、自己的个人劳动、自己的个人关系中间，成为类存在物的时候，只有当人认识到自己的'原有力量'并把这种力量组织成社会力量因而不再把社会力量当作政治力量跟自己分开的时候，只有到了那个时候，人类解放才能完成。"这就是说，尽管从历史发展来说，政治解放也是一种进步，但是只有当社会力量不再作为一种压迫人的力量存在的时候，人类才能获得解放。

　　马克思在《〈黑格尔法哲学批判〉导言》中继续发展了他关于人类解放的思想。他明确地提出了由谁来实现人类解放的问题，什么人才有力量来推翻那些使人成为受屈辱、被奴役、被遗弃和被蔑视的东西的一切关系。马克思指出：德国要获得真正的解放绝不能仅仅停留在对宗教的批判上，而是要把对天国的批判变成对尘世的批判，把对神学的批判变成对政治的批判，应该直接向德国的政治制度开火，推翻这个低于历史发展水平的社会，这才是德国人要进行的真正的斗争。马克思认为，德国的政治斗争一旦提高到实现真正的人的解放的水平，斗争就超出了德国。在德国，政治斗争以批判宗教的形式出现的，由于神的本质就是人的本质，因此，"对于宗教的彻底批判和否定就是对人的真正的肯定。要实现对人的肯定，就必须推翻那种使人成为受屈辱、被奴役、被遗弃和被蔑视的东西的一切关系。"这就不是其他别的阶级所能胜任的了，更不是德国资产阶级所能做到的，因为这个阶级缺乏革命的大无畏的精神；只有无产阶级才能消灭私有制。马克思写道，只有一个阶级，由于它的直接地位、物质需要、自己的锁链强迫它而拥有这种力量。他认为，能够实现全人类解放的，应当是一个如果不解放全人类就不能解放自己的阶级，这个阶级就是无产阶级。因为无产阶级一无所有。马克思认为，革命的理论，进步的哲学，在未来的革命斗争中将会起巨大的作用。他写道："批判的武器当然不能代替武器的批判，物质力量只能用物质力量来摧毁，但是理论一经掌握群众，也会变成物质力量。"马克思主张，进步哲学的任务就是要把对宗教的批判变成对政治的批判，把对"天国"的批判变成对"尘世"的批判。这也就是说，要把批判的矛头不是指向宗教，而是指向德国的反动专制制度。马克思认为，无产阶级才是革命理论的体现者，才能真正运用革命的学说。因为无产阶级的使命就是要把自己，同时也把整个人类从各种压迫和剥削中解放出来；无产阶级也只有解放全人类，才能解放自己。马克思的这个思想非常深刻，它表明无产阶级要消灭私有财产的观念不是凭空产生的，完全是根据自身的生存方式提出来的。

值得一提的是，马克思在书中指出，一旦无产阶级从自身的存在认识到现存制度的不合理，这种制度必将解体，私有制必将被否定。马克思在这个时期已经认识到，只有无产阶级才是彻底变革现存世界的革命阶级，实现人类解放是无产阶级的历史使命。由于马克思发现了创造未来新社会的社会力量，这样，就把自己同空想社会主义者区别开来。

列宁在评价这两篇文章时说："马克思在这个杂志上所发表的论文中已作为一个革命家出现，主张'对现存的一切进行无情地批判'，尤其是'武器的批判；他诉诸群众，诉诸无产阶级。"列宁的这一论断充分肯定了这两篇文章在马克思主义发展史中的历史意义。

　　可以说，马克思在这里明确宣布了自己的新世界观。马克思这种思想上的转变是得益于对政治经济学的关注。并且在以后的一段时期内，马克思更加关注从哲学、经济学和历史领域来探寻认识社会、解决社会问题的方法。特别值得一提的是，恩格斯写的《政治经济学批判大纲》在《德法年鉴》上的发表，对马克思产生了极大的影响，被马克思称为"批判经济学范畴的天才纲领"。恩格斯在《政治经济学批判大纲》中主要批判地研究了"私有制的合理性问题"。在此之前，资产阶级的经济学家从未提出这个问题，因为他们把私有制看作是无需证明的人类社会的自然前提，看作是合理的世界秩序的唯一形式；而建立在私有制基础上的竞争则被看作是人类自由的表现，是达到人类普遍幸福的正确方式。恩格斯在《政治经济学批判大纲》中批驳了这个观点，揭露了资本主义私有制的内在矛盾及其不合理和非人道性，认为资本主义经济制度的各种现象如竞争、自由贸易、价值、地租等都是资本主义私有制的直接结果。竞争必然导致工人与资本家、地主之间的矛盾的激化，引起周期性的经济危机，导致消灭私有制的社会革命。恩格斯还批判地考察了资产阶级经济学的历史，认为无论是重商主义还是古典经济学，都是私有制关系的理论表现，是维护资本主义私有制的，因而都是不科学的和伪善的。

在恩格斯的影响下，马克思的研究从哲学、历史和法律转向了系统地研究政治经济学，更加坚定了他潜心研究政治经济学的决心。因为马克思明显地意识到，在政治范围内找不到解决社会问题的根源，这就促使他转向政治经济学的研究，马克思敏锐地感觉到在政治经济学领域隐藏着关于人的关系的根本问题，所以他试着从政治经济学中为他的疑惑寻找到答案。从这以后，马克思和恩格斯就取得了通信联系，对此，恩格斯有一段真实的记述。他说："1843年秋，这一对年轻的夫妇来到巴黎，在这里马克思开始同卢格一起出版《德法年鉴》，但是该杂志仅出版了一期；杂志之所以停刊，部分是由于它在德国的秘密传播遇到困难，部分是由于在两位编辑之间很快就暴露出原则性的分歧。卢格仍然保持黑格尔哲学和政治上的激进主义路线，马克思则热心地研究政治经济学、法国社会主义者和法国历史。结果马克思转向了社会主义。"恩格斯的这段记述可以说是对《手稿》的写作背景与历史意义的一个非常好的说明。

马克思来到巴黎特别是从1844年3月后，他阅读了一系列政治经济学家如让·巴·萨伊、亚当·斯密、穆勒、大卫·李嘉图、约·雷·麦克库洛赫、弗·斯卡尔培克、克德斯杜特·德·特拉西等人的主要经济学著作，以及恩格斯的《政治经济学批判大纲》。在阅读的过程中，马克思作了大量的摘录，并在一些地方写有评注。这些摘录和评注写了若干本笔记，到现在保留下来的有9本，这些笔记被后来的研究者们称为"巴黎笔记"。

正是在"巴黎笔记"期间，具体说是1844年4月至8月，马克思在研读政治经济学著作的同时，产生了要写一本专门关于政治经济学著述的想法，这就是《手稿》的产生。

《手稿》虽然是马克思未完成的作品，我们现在看到的《手稿》包括3个手稿，保存得也不是很完整，但是它们在思想内容上却形成了一个严谨的整体。从《手稿》中，我们可以清楚地看到，马克思在探寻社会历史发展规律的过程中，对剖析资产阶级政治经济学、改造黑格尔辩证法和克服机械唯物主义局限性的伟大理论的创造；可以清楚地感受到，26岁的马克思在为自己的理想进行不断地努力，这种精神非常值得我们崇敬和学习。

第二节 《1844年经济学哲学手稿》的出版概况

《手稿》不是一部孤立的作品，而是马克思曾经打算撰写的《政治和政治经济学批判》的草稿。

《手稿》第一次出现在1927年出版的《马克思恩格斯文库》俄文版第3卷中。但是这次发表的内容不仅不完整，标题也不正确，可能是其写作的时间与《神圣家族》连得紧的缘故，就把它称之为《〈神圣家族〉的预备著作》，因而几乎没有引起人们的注意。1931年1月，苏黎世出版的一家德国社会民主党的月刊《红色评论》上发表了迈尔写的一则题为《关于马克思的一部未发表的著作》的简短报道，指出"发现了马克思的一部早期著作"，其实就是《手稿》。一直到1932年，《手稿》才正式问世，在德文版的《马克思恩格斯全集》第3卷正式全文发表，所用的标题是《1844年经济学——哲学手稿。政治经济学批判。附论黑格尔哲学的最后一章》。1954年，莫斯科马克思恩格斯列宁研究院对1932年的版本又重新作了一次核对，作了一些重要的修改，对某些标题重新审定或改写，增加了注释，并于1956年发表在俄文版《马克思恩格斯全集》中，这个《手稿》的版本，是目前比较完善的版本。

《手稿》一发表，其内容的重要和深刻很快就引起了学者们的高度重视。同时，由于学者们理解上的不同，在世界范围引起了关于《手稿》内容的尖锐的争论，其规模和深度是马克思主义研究史上罕见的。之所以发生这样尖锐的争论，是因为对《手稿》的研究和评价涉及对整个马克思主义的重新研究和评价，这种争论一直延续至今。

《手稿》第一个中文版本是1956年由何思敏译、宗白华校的《手稿》单行本，标题为《经济学——哲学手稿》，是依据1932年《马克思恩格斯全集》德文版译出的。这是第一个《手稿》全文的中文译本。同年，由贺麟译的《手稿》的最后一章《黑格尔辩证法和哲学一般的批判》单行本，这是从德文翻译过来的。1979年人民出版社出版了刘丕坤译的《手稿》单行本，标题为《1844年经济学——哲学手稿》。该译本是依据《马克思恩格斯早期著作选》1956年俄文版译出的，同时参考了其他版本。同年人民出版社出版了中译本《马克思恩格斯全集》第42卷，该卷收入的《手稿》是依据刘丕坤译文校订的，标题为《手稿》。1980年，上海文艺出版社出版的《美学》第2期，刊载了朱光潜先生译的《经济学——哲学手稿》（节译），包括第一手稿和第二手稿中的有关段落。它是根据1955年柏林狄茨出版社出版的《马克思恩格斯短篇经济论文集》译出的。目前在我国流行的并被世人公认的版本是《马克思恩格斯全集》第42卷中所载的《手稿》。

第三节 《1844年经济学哲学手稿》的文本结构

《手稿》一书是由序言、笔记本I、[笔记本II]和[笔记本III]组成。全文约11万字。全文的总标题以及放在方括号里的小标题都是编者后加的。原手稿有许多散失，现整理出版的各种版本的《手稿》均不是完整的原手稿。这篇序言原来是放在《第三手稿》的第三部分。在1932年全文发表《手稿》时，编者把它放在《手稿》的开头了。在序言里主要说明了马克思写作本书的目的、计划和内容，同时表明了马克思对待布·鲍威尔哲学和费尔巴哈哲学思想的态度，提出了全面剖析黑格尔哲学的必要性。

[笔记本I]共分为四个部分：工资、资本的利润、地租、异化劳动和私有财产。工资、资本的利润和地租，这前三个标题是马克思手稿原有的，最后标题是由编者加的。在阅读的过程中，马克思对这三个议题同时进行的摘录，在三个标题下满满写上了从斯密等人著作中精心整理出来的重要段落，并对它们作了批判性分析。最后的[异化劳动]这一部分，是马克思对自己这一时期研究资产阶级经济学成果的哲学概括，提出了"异化劳动"理论。可以说异化劳动是《手稿》最核心的部分，所以"异化劳动"理论就成了这一时期马克思分析资本主义产生，发展和灭亡的历史必然性的理论武器。

[笔记本II]只有私有财产的关系这一项内容。[笔记本II]，是一本已经遗失的一本笔记的结尾部分。它只保留了最后的4页（第40—43页），原来没有标题，[私有财产的关系]这一标题是编者加的。从残存的这几页的内容来看，它是对[笔记本I]的补充，是对异化劳动这一思想的深化、发挥。主要内容有：对资本主义政治经济学混淆资本与劳动本质区别的观点的批判，进一步揭示了劳动与资本的对立；分析了私有财产形式的

发展，论证了土地所有权和资本的对立统一；最后，概括了私有财产运动。

[笔记本III]共有五个部分组成。分别是：[对黑格尔的辩证法和整个哲学的批判]、[私有财产和需要]、[分工]、[货币]。[私有财产和劳动]、[私有财产和共产主义]，这两部分是对[笔记本II]的补充。[笔记本III]的主要部分虽说只是作为[笔记本II]的补充，实际上系统地发挥和阐述了马克思对"共产主义"的理解，在[对黑格尔的辩证法和整个哲学的批判]这部分中，马克思在批判黑格尔哲学的同时，也升华了自己对辩证法的认识和历史唯物主义的形成，这是马克思学说中不可忽视的重要内容。

由此我们知道了，《手稿》虽然是由三个未完成的手稿组成的，保存得也不完整，但它们在思想内容上却形成了一个严谨的整体。它既是马克思批判资产阶级经济学的第一个大纲，同时也是对黑格尔辩证法和整个哲学的首次较全面的深刻批判，体现了马克思在巴黎时期把哲学研究与经济学研究结合起来的特征。

从形式上看，《手稿》的各个部分似乎缺乏内在联系，但就其思想内容来看，是有内在联系的，并且反映了当时马克思思想的发展过程和理论研究的基本线索。它的理论结构和思想逻辑是：从评价资产阶级经济学入手，并从资本主义经济事实出发，分析了资本主义经济关系，提出并论述了资本主义社会的"异化劳动"，进而以"异化劳动"概念为理论基础分析和论述私有财产的本质以及对它的扬弃，阐述了共产主义理论，然后具体地分析了需要、分工、货币等经济问题，最后批判黑格尔哲学，并为"异化劳动"理论和共产主义理论提供了哲学的根据。按《手稿》的理论内容可分为相互联系着的三个基本方面：第一，对资产阶级经济学的评述和对资本主义经济关系的分析，论证了"异化劳动"概念，并以"异化劳动"概念为核心，论述了正在形成中的马克思的政治经济学理论。第二，以"异化劳动"为理论基础，分析批判各种空想的社会主义、共产主义，阐述了正在形成中的马克思的共产主义观点。第三，全面批判黑格尔哲学，以主体与客体的关系为中心，阐述了正在形成中的辩证唯物主义和历史唯物主义观点。《手稿》展现了正在形成中的马克思主义三个组成部分的内在联系，展现了马克思主义三个组成部分是一个有机联系的整体。

　　《手稿》的主题是批判资产阶级经济学，剖析资本主义经济制度，探索资本主义社会的运动规律，为共产主义提供理论根据。"异化劳动"是贯穿全书的核心的基本概念，是全书阐述得最为突出的一个理论问题。它既是《手稿》中阐述的哲学问题、政治经济学问题和共产主义问题的共同的理论基础，又是把这三个部分统一起来的纽带。

　　《手稿》是一部经济学著作，同时也是一部哲学著作。在这里，马克思第一次对黑格尔哲学进行了全面地批判，揭示了黑格尔哲学中所包括的积极因素。同时提出和阐述了一系列重要的辩证唯物主义思想和历史唯物主义思想，其中特别是对主体和客体的辩证关系，阐述得十分深刻，甚至是本书所独有的。《手稿》不仅展现了马克思在法国研究经济学所取得的成果，也集中地展现了马克思在创立马克思主义过程中在哲学上所取得的突破性进展，它特别具体地展现了马克思主义哲学与德国古典哲学的批判与继承的关系。《手稿》的哲学价值，随着时间的推移，越来越被人们所重视。

　　《手稿》是马克思思想转变时期的理论成果，由于它尚不是一部成熟的马克思主义著作，因而，它具有明显的过渡性质。这表现在，马克思主义的完整的理论体系在这里还只是胚胎、萌芽。在《手稿》中，马克思主义的许多基本理论尚未最后形成，有些地方还存在着旧的理论影响，存在着术语与思想内容的不协调，即用旧的术语表达新的思想。此外，在问题的论述上还存在着一定的思辨的色彩。这种情况往往造成理解上的困难和歧义，这是阅读《手稿》时应该注意的。

《手稿》既不是一部完成的著作，也不是一个完整的待发表的手稿，而是马克思供自己研究与写作用的手记。《手稿》中有的地方只是摘录或复述别人的观点，有的地方针对摘录的内容和观点提出自己的分析、评述，有些地方则主要是提出问题而未展开。在对自己思想观点的阐述上，有些地方比较系统、详细、具体，有的地方则写得很扼要、很概括、很简练，带有纲要性，但简练的文字都包含着深刻而丰富的思想，这也是《手稿》的一个重要特点。《手稿》体现马克思钻研问题、进行理论探索的实际过程，是马克思酝酿和确立系统理论过程中沉思的记录；是克服、批判、吸收旧理论，创立新理论过程中的具体记录。可以说，《手稿》是马克思世界观的诞生地和秘密，是马克思实现哲学变革的起源。认真学习和研究《手稿》，领会它的精神实质，正确评价它的理论意义与历史意义，不仅对于我们具体地了解马克思创立马克思主义的实际思想过程，研究马克思主义的形成史，具有重要的理论价值；而且对于我们在当代坚持和沿着马克思开辟的哲学道路前进具有重要意义。

第二章 《1844年经济学哲学手稿》的内容介绍

第一节 发现问题——政治经济学著作的大量阅读

任何新思想的产生，都离不开对前人的借鉴和自我的思考，《手稿》的产生也是如此。马克思正是在研读政治经济学著作的同时，发现了问题，产生了自己对政治经济学的独特想法，提出了自己的思想，并且给出了解决这个问题的途径。从《手稿》的内容中我们可以看到，马克思发现问题、提出问题和解决问题的思考过程。

从马克思写作《手稿》的历史背景中，我们可以看出，马克思所经历的一切都使得他对经济学产生了浓厚的兴趣，看到了人和人的关系必然是建立在一定的物质基础上的；但此时的马克思还不知道如何从经济学的角度来认识这个社会，所以他选择了从大量的政治经济学的著作中寻找答案。马克思在阅读的过程中，发现了人们的收入形式，无论从奴隶社会、封建社会还是资本主义社会，只要付出劳动就会有一定的收入，而这种收入形式则映现了不同人的生活境况。马克思根据当时的社会现状，发现了三种收入形式反映的不同人的生活境况。这三种收入形式，分别是工资、资本的利润和地租，马克思这三个议题抓得非常准确，分析得也极为深刻。

一、工资

（一）以工资为生就等于贫困

在工资这个片断里，马克思主要参考了亚当·斯密在《国民财富的性质和原因的研究》这部著作中的观点，并在摘录的过程中产生了自己的想法。同样是论述工资，马克思和斯密有着两种不同的思路。斯密是以分工开始他的体系研究的，而马克思则是从分析工资出发。但是，马克思和斯密都认为，在工资的多少这个问题上是由资本家和工人之间的敌对斗争决定的。在这一争斗中，胜利必定是属于资本家的。为什么胜利一定属于资本家呢？

马克思认为拿工资的有三种人，一种是佣人，一种是工人，一种是职员。佣人拿的是工钱，工人拿的是工资，职员拿的是薪金和报酬。他们虽然工资多少不一样，但是，这种付出劳动就有一定的收入的形式，统称工资。马克思认为，如果在一个社会中，只要你是拿工资的，那么你必定是贫穷的。

马克思认为工人的劳动和他们的收入是没有关系的，工人的工资不是由工人劳动的多少算出来的，而是由雇佣工人的资本家制定出来的。工资和劳动是不对等的关系。换句话说，不论工人付出多少，工人的工资是不变的。马克思说，"只要资本家和工人处于一种敌对的状态，胜利必然属于资本家。资本家没有工人能比工人没有资本家活得长久。资本、地租和劳动的分离对工人来说是致命的。"

工资是什么呢？工资对于工人来说意味着什么呢？马克思认为，只有两种状况。一种状况是维持工人生活的最低费用，为了使工人的劳动能够维持下去，继续为资本家提供劳动力。另一种是为了让他们养家糊口，以使这个种族不致于灭绝的费用，以便让资本家能够不断获取充足的劳动力资源。在这样的情况下，工人成了商品，工人不是作为人来存在的，而是作为物来存在的。

马克思认为，商品的价格是由市场上的供求关系决定的，同样道理，工人作为"商品"的存在，工资就是工人这种商品的价格，所以工人的价格——工资，也是由供求关系所决定的，从而这种供求关系必然会影响到人的生产。马克思说："对人的需求必然调节人的生产，正如其他任何商品生产的情况一样。"在经济学中，供给大于需求时会产生两种结果：一是商品价格降低，二是部分商品卖不出去。在第一种情况下，工人的工资会降低，因为他们是在买主（资本家）的眷顾下才获得工作的机会，这时候工人必然会屈从于资本家的无理要求；在第二种情况下，会有一部分工人丧失工作的机会。

（二）工人在资本主义社会三种不同状态中的地位

斯密认为，工人的工资与国家的经济发展状况有密切的关系。只有在国家经济退步的时候，工人的工资才会下降；当国家的经济情况处于相对稳定的时候，工人的工资也处于相对稳定；当国家财富处于增长的状况时，工人的工资也会随之增长。但是与斯密的看法不同，马克思对于这三种社会状况下的工人工资水平提出了自己的看法，马克思认为无论在社会处于什么样的状况下，工人逃脱不了厄运，工人都是悲惨的、贫困的，都是不可能摆脱悲惨的命运。让我们来看一下，马克思是怎么样从社会财富的角度对此进行的阐释。

1. 在社会财富处于衰落状况时，工人遭受的痛苦最大。

这种状况很好理解，当社会财富衰退时，整个社会的财富下降，资本家同样会受到影响，利润减少，并且资本家们为了避免自己遭受更多的损失，必然会把它转嫁到工人头上，工人的工资自然同样跟着衰退。马克思指出："如果社会财富处于衰落状态，那么工人所受的痛苦最大。因为，即使在社会的幸福状态中工人阶级也不可能取得像所有者阶级取得的那么多好处，没有一个阶级像工人阶级那样因社会财富的衰落而遭受深重的苦难。"

2. 在社会财富增加时，是对工人唯一有利的状态，但是呈现出复杂的情形。

首先，社会财富增长时，为获取更多的利润资本家会扩大生产，因而他们对工人的需求会增大，并以增加工人工资的方式来竞争到更多的劳动力。这种看似有利于提升工人生活质量的状况，其实只是一种假象，工人反而会因此付出的更多。因为工资的提高意味着工人必须付出更多的劳动，而过度的劳动就不得不牺牲自己更多的时间，从而导致工人寿命的缩短。更可悲的是，工人寿命的缩短对于整个工人阶级来说并不是苦难反而是一种有利的状况，因为当一部分走向死亡的时候，就必然会不断产生对劳动的新需求，另一部分人就可以马上地补充上来。因此，马克思说"工资的提高引起工人的过度劳动。他们越想多挣几个钱，他们就越不得不牺牲自己的时间，并且完全放弃一切自由来替贪婪者从事奴隶劳动。这就缩短了工人的寿命。工人寿命的缩短对整个工人阶级来说是一个有利状况，因为这样就必然会不断产生对劳动的新需求，这个阶级始终不得不牺牲自己的一部分，以避免同归于尽。"

其次，当社会财富增长时，资本会得到大量的积累。在这样的情况下，资本家们开始互相兼并，大资本家为了赚取更多的利润就必然要扩大规模而兼并小资本家，小资本家迫于竞争的压力而不得不选择破产。这种大鱼吃小鱼的激烈的竞争结果是：一方面形成少数大资本家；另一方面破产的资本家就加入到了工人阶级的队伍，沦为工人。这样，工人人数增多了，工人就更加依赖于少数大资本家，工人之间的竞争变得越来越激烈，进而使工人阶级在和资本家的斗争中处于非常不利的地位。因此，在这样的情形下，工人的工资反而减少了，因为竞争的加大促使工人阶级不得不付出更多的劳动，不得不被迫接受更低的待遇和更多的要求，以保证自己不失业。马克思在书中说："只有最富有的人才能靠货币利息生活。其余的人都不得不用自己的资本来经营某种行业，或者把自己的资本投入商业。这样一来，资本家之间的竞争就会加剧，资本的积累就会增强。""即使在对工人最有利的社会状态中，工人的结局也必然是：劳动过度和早死，沦为机器，沦为资本的奴隶（资本的积累作为某种有危险的东西而与他相对立），发生新的竞争以及一部分工人饿死或行乞。"

正如马克思所说，还有一种情况就是当社会财富增加，机器被大规模运用时，工人逐渐沦为机器的零件。马克思说："资本积累的扩大分工，而分工则增加工人的人数，反过来，工人人数的增加扩大分工，而分工又增加资本的积累。"面对这种资本积累的扩大、分工扩大的状况，对工人来说，其结果会怎么样呢？其结果只能是：工人日益完全依赖于一定的、极其片面的、机器般的劳动，使得工人在精神上和肉体上被贬为机器，只剩下抽象的活动和胃，胃就是使他们填饱肚子，再继续进行工作。这样就使得工人更加依赖于资本家，对于工资的多少更是完全由资本家来决定。

3. 在社会财富完满的状态时，贫困持续不变

所谓的"完满"是指，当一个国家的社会财富达至顶点、不会再增加的时候，工人的境况依然不会得到任何改善。

这就是工资这一种收入形式，映现出的这部分人的生活境况。马克思在书中也总结到，"在社会的衰落状态中，工人的贫困日益加剧；在增长的状态中，贫困具有错综复杂的形式；在达到完满的状态中，贫困持续不变。"

所以无论在什么情况下，吃亏的首先是工人。工人和资本家同样有苦恼时，工人是为他的生存而苦恼，资本家则是为他的死钱财而苦恼。

马克思在分析了工人工资与社会贫困之间的必然联系之后，接着讽刺地指出了资产阶级经济学家的理论与实际的矛盾。按照国民经济学的理论，劳动的全部产品应属于工人，但是他们又说，工人实际上得到的是产品中最小的、没有就不行的部分，只得到他不是作为人而是作为工人生存所必要的那一

部分，以及不是为繁衍人类而是繁衍工人这个奴隶阶级所必要的那一部分，这是自然的、合理的。按照他们的理论，劳动可以购买一切东西，所谓的资本不过是劳动的积累，但实际上，恰恰是劳动的所有者——工人，不但远不能购买一切东西，而且还"不得不出卖自己和自己的人性"。按照他们的意见，劳动是创造一切产品价值的源泉，是人的能动的财产，但是，"有特权的和闲散的神仙"——土地所有者和资本家，都"处处对工人占上风，并对他发号施令"。按照他们的意见，劳动是唯一不变的物价（即劳动是衡量一切产品的价值的不变的尺度），可是再没有什么比劳动价格更具有偶然性，更受波动的了。因此在马克思看来，古典政治经济学的谬误就在于，在他们眼中，劳动仅仅是一种"谋生活动"，工人只不过是一种"劳动的动物"，被作为"仅仅有最必要的肉体需要的牲畜"来看待的，他们抽象地把劳动看作物，人的具体的社会属性被这些经济学家排除在视野之外。

此时的马克思虽然接受了古典经济学家的关于工资理论的一些基本观点，但是在阶级立场上马克思站到了和资产阶级经济学家的对立面，因为马克思看到了资产经济学家的虚伪性，并且毫不留情地揭露了他们的理论：按照他们的意见，工人利益从来不同社会的利益相对立，工人的利益是和资本主义社会利益相一致，但实际上，无论资本主义社会处于什么状态，总是对工人不利，总是不断加深对工人的剥削。按照国民经济学自身逻辑的发展本应得出，在资本主义制度下，由于雇佣劳动制度，劳动对工人来说是有害的，造孽的，应该消灭这种"仅仅在于增加财富"的劳动；但他们都"不知道这一点"，这是因为他们是为资产阶级利益进行辩护的理论家。

马克思形象地说道：当资产阶级经济学家把无产者当作工人来考察时，会提出这样的论点：工人完全和一匹马一样，只应得到维持劳动所必需的东西。当资产阶级经济学家他们不考察不劳动时的工人时，他们不把工人当作人来考察，把这种考察交给刑事司法、医生、宗教、统计表、政治和乞丐管理人去做。这揭露了资产阶级经济学家理论上的非科学性，和掩饰真相麻痹工人阶级的维护阶级利益的真实目的。

二、资本的利润

马克思谈到的第二种收入形式是资本的利润，也就是收入形式是从资本中取得利润。在这个议题中，马克思用四个部分的内容论述了自己对利润的看法。

（一）资本

马克思认为资本家的收入形式就是利润的大小。那么利润是什么？为了解释清楚利润，马克思首先从资本谈起。

1. 资本的本质

什么是资本？首先，马克思指出资本的本质就是，"资本，即对他人劳动产品的私有权"，这种"资本对劳动及其产品的支配权力"，是一种"不可抗拒的购买的权力"；也就是说，资本就是对他人劳动产品的私有权，资本的表现形式就是对支配他人劳动和一切劳动产品的权力。虽然马克思给出的资本的定义不是很明确，但实质上把资本的社会本质说出来了。

2. 资本家支配权力的来源

马克思认为，这种权力来源于资本家的"所有者"的身份，这种"所有者"身份使资本家对他所拥有的东西（包括资本）享有支配权，能够用它来购买任何东西，包括劳动，并按照自己的意图使用它们。"资本家拥有这种权力并不是由于他的个人或人的特性，而只是由于他是资本的所有者。他的权力就是他对资本的那种不可抗拒的购买的权力。"

3. 资本和利润的关系

根据斯密的说法，资本是"一定量的积蓄和储存的劳动"，那么就可以认为资本可以购买劳动的所有者——工人，"资本是积累的劳动"。但是，斯密认为："基金、资金是土地产品和工业劳动产品的任何积累。资金只有当它给自己的所有者带来收入或利润的时候，才叫作资本。"可见，并不是所有土地产品和工业劳动的产品的积累都叫资本，只有那些能给占有者带来收入或利润的基金才是资本；在这一观点上，马克思肯定了斯密的思想。这就是说，资本是用来雇佣他人劳动，其目的在于获得利润的一种生产基金。只有有了生产基金之后，才能投入生产，有了生产才能带来利润，而利润就是资本家的收入。所以，马克思根据斯密的观点，揭示了资本和利润的关系——资本是利润的基础。这也是资本区别于其他东西的本质所在，即只有能够带来利润的资金才是真正的资本。

（二）资本的利润

利润是资本家的收入，但利润与工资不同，工资长期处于不变的状态，雇佣的工资是有固定的额度，不会轻易地改变；

但是利润却是不可捉摸的。所以追求利润是资本的内在要求，资本家必然会不惜一切来取得利润的最大化，即提高利润率。马克思提出了最低利润率和最高利润率的观点。最低利润就是整个资金投入生产以后，去除所必需的生产成本（包括工人的工资）以后，剩下来的剩余部分。那么什么是最高利润呢？就是把生产成本压到最低的情况下，以获取最大的剩余。关于提高利润率的方式，马克思认为有两种："第一，通过分工；第二，一般地通过对自然产品加工时人的劳动的增加。人加进商品的份额越大，死资本的利润就越大"。在国民经济学家看来，"资本的利润同资本的量成正比"，而资本又是积累的劳动，因此资本的利润的多少取决于劳动的投入量的多少。投入资本多，获取的利润就大，因此资本家会不断积累资本，提高利润率。而获得的利润，资本家也不会完全用于消费，而是把绝大部分转化为资本去购买劳动，投入到生产活动之中。

（三）资本对劳动的统治和资本家的动机

在这部分里，马克思摘录了亚当·斯密和萨伊的观点，并且对这些摘录马克思没有加任何评论和说明，看来是完全同意这些观点的。概括起来有以下几点：

首先是追逐私人利润是资本家进行投资的唯一动机。马克思说，资本家在决定把资本投入农业还是投入工业，是投入批发商业的某一部门还是投入零售商业的某一部门时，充满各种各样的考量。在这样的情况下，资本家不仅要考虑整个生产，而且最为主要的就是考虑整个投资，就是用什么样的方式可以使自己的资本获得最大的利润。

其次，资本家的利益与社会的一般利益不一致。马克思正是看到了资本家以追逐利润最大化为目的，预感到了资本主义最为恶劣的资本投资的境况，商品质量普遍低劣，伪造、假冒无毒不有，在整个城市当中都会出现。

第三，资本家对工人的统治与压迫。资本家为了利润最大化，必须以各种各样的手段，降低生产成本，尽可能低地付给工人工资。

更为残酷的是，当在国内获取的利润有限时，为了获取利润而使用的投机行为开始向国外扩展，随之就出现了贩卖奴隶、无节制地开采矿产这样的情形，从中以攫取巨大的利润。那么面对资本家这样的收入形式，人们所遭遇的生活境遇是，在一个无限的被金钱和资本所裹挟的一个生活环境中，无论是资本家还是工人都被完全地异化了，被物质利益所控制了。

（四）资本的积累和资本家的竞争

为了追求利润，提高利润率，最关键在于提高资本的投入量，因为利润的多寡同资本的数量保持一定的比例，因而资本家才有兴趣投入较多的资本，所以资本家会拼命积累资本，以实现其逐利的目的。那么什么是资本积累呢？马克思认为："在私有制的统治下，积累就是资本在少数人手中的积聚"，资本的本性必然会导致资本的流动，这种流动的结果是，有的资本家积累的资本越来越多，有的则越来越少，当他们都想让自己手中的资本增多的时候，他们之间就会形成竞争。这种资本家为了各自积累更多的资本而开展的竞争，成了资本运动的必然形式，成为渗透到整个资本主义社会机体的最普遍的规律。

资本的流动导致积累的发生，也意味着竞争的开始，这个竞争的过程我们也可以称之为资本积累的过程。按照资产阶级经济学家的说法，竞争是对抗资本家的唯一手段，竞争既对工资的提高，也对商品价值的下降产生有利于消费公众的好影响。但是，只有当资本增加而且分散在许多人手中的时候，竞争才有可能。只有通过多方面的积累才可能出现许多资本，因为资本一般只有通过积累才能形成，而多方面的积累必然转化为单方面的积累，各个资本之间的竞争扩大各个资本的积累。只要听任资本的自然趋向，积累一般来说是一个必然结果，而资本的自然使命恰恰是通过竞争来为自己开辟自由的道路。在资本家之间进行的激烈竞争中，遭殃的首先是小资本家。在这一点上，马克思同意资产阶级经济学家的观点，马克思认为，资本积累就是大资本家会通过自己的优势和多种方式击溃吞并小资本家的过程，最终实现资本的快速增长，并实现竞争的逐步减小乃至消失，"当资本和地产掌握在同一个人手中，并且资本由于数额庞大而能够把各种生产部门结合起来的时候，资本的积累日益增长，而资本间的竞争日益减少"，最终形成垄断。在垄断的情况下，资本家拥有了产品的定价权，这时候的产品价格是最高的，资本家获得的利润也是最多的。

此外，市场竞争是一个优胜劣汰的过程，在这个过程中既会出现限制资本家随意提高价格的行为——为了保护产品的竞争力必然会在他们可接受的范围内降低价格，以便保持产品的竞争力——也会导致无政府主义，因为"经济规律盲目地支配着世界"。因此,资本家的眼里只有产品,人(包括资本家和工人)在竞争中成为背景性的悲剧存在。

三、地租

马克思认为资本主义社会存在着三大阶级:即资本所有者(资本家)、劳动者和土地所有者,与之相应的是三种收入形式,即利润、工资和地租。对前两种收入形式,我们已经了解了,现在就来看一下马克思是如何对地租进行分析和说明的。

(一)地租的实质

首先来看一看什么是地租,地租的实质是什么。所谓地租,就是对土地所有权的确认。那么,地租如何确定?地租的多少由哪些因素决定呢?马克思接受了国民经济学家斯密的观点,认为影响地租的两个因素是"土地的肥力"和"土地的位置"。但马克思认为,这个观点虽然有其合理之处,但是并没有看到地租的实质。土地的肥力和位置固然会影响着地租的多寡,但这只是土地的一个自然属性,要真正获得土地的所有权、占有土地靠什么?马克思认为是所有的土地必须靠掠夺。"土地所有者的权力来源于掠夺","地租是通过租地农场主和土地所有者之间的斗争确定的。"但是这一点被资产阶级的国民经济学家忽视了。

马克思以此作为出发点，驳斥了亚当·斯密关于土地所有者始终同社会的利益相一致的论断。马克思认为土地所有者的利益和整个社会利益的对立。在私有制占统治的条件下，土地所有者的利益同社会的利益完全不一致，并且同租地农场主、雇农、工业工人和资本家的利益相敌对。一个土地所有者的利益，由于竞争的缘故，也决不会同另一个土地所有者的利益相一致。马克思指出："在私有制占统治的条件下，个人从社会得到的利益同社会从个人得到的利益成反比。"

（二）地租的形成

其次，马克思认为正是由于对土地和土地所有者的权力的掠夺，原来有土地的人或者土地比较少的人放弃了土地的所有权占有权，把他排挤出没有土地这样的行列，成为一个没有生产资料的人。

在这样的情况下，大地产和小地产之间的相互关系一般是与大资本和小资本之间的相互关系一样，进行着你死我活的竞争，其结果必然产生大地产的积累和大地产对小地产的吞并，即大地产的进一步集中。但是，还有一些特殊情况必然引起大地产的积累和大地产对地产的吞并，这种竞争还会使大部分地产落入资本家手中，资本家同时也就成为土地所有者。同样，一部分大土地所有者同时也成为工业家。地产集中的过程同时也是地产资本化的过程，当土地所有者拥有了大面积的土地之后，他们就把土地本身变成工厂，开辟各种各样的产业，这样就使得土地马上就成了资本；当土地变成资本以后，大土地占有者就不再拿地租了，而是天然地走向了资本家的行列。这种竞争最终的结果是，最终"资本家和土地所有者之间的差别消失了，以致在居民中大体上只剩下了两个阶级：工人阶级和资本家阶级"。对于这种地产资本化的实质，马克思作了生动而又深刻的描述："地产的根源，即卑鄙的自私自利，也必然以其无耻的形式表现出来。稳定的垄断必然变成动荡的、不稳定的垄断，即变成竞争，而对他人血汗成果的悠闲享受必然变成对他人血汗成果的忙碌交易"。实际上，在竞争的过程中，地产必然以资本的形式既表现为对工人阶级的统治，也表现为对那些随着资本运动的规律升降浮沉的所有者本身的统治。

（三）地产的分割的问题

在地租一节的结尾部分，马克思又讨论了关于地产的分割的问题。地产的分割并不消灭垄断的基础——私有制。它只触及垄断的存在形式，而不触及垄断的本质。地产的分割是私有制规律的牺牲品，它是适应工业领域的竞争运动的，地产的分割同工业中的竞争一样，必然重新转化为积累和积聚。凡是进行地产分割的地方，就只能或者回到更加丑恶的形态的垄断，即资本主义类型的大地产，或者否定、扬弃地产分割本身，对垄断的最初扬弃总是使垄断的存在范围普遍地扩大了。扬弃了具有最广泛的、无所不包的存在形式的垄断，才算完全消灭了垄断。对土地私有制的根本扬弃，必将由"联合"来代替它。联合一旦应用于土地，就享有大地产在经济上的好处，并第一次实现分割的原有倾向——平等。土地不再是买卖的对象，而是通过自由的劳动和自由的享受，重新成为人的真正的自身的财产。

他以英国为例说明了在资本主义条件下，大地产已经失去自己的封建性质而具有工业的性质，地产的分割与垄断的发展已经完全受资本的运动规律所支配，马克思说："地产一旦卷入竞争，它就要像其他任何受竞争支配的商品一样遵循竞争的规律。它同样会动荡不定，时而缩减，时而增加，从一个人手中转入另一个人手中，任何法令都无法使它再保持在少数特定的人手中。直接的结果就是地产分散到许多所有者手中，并且无论如何要服从于工业资本的权力。"所以，"封建的地产，不管它怎样设法挣脱，也必然要遭到分割，或者至少要落到资本家手中。"在农业中，同在工业和其他资本主义经济部门一样，也会出现大鱼吃小鱼、小鱼吃虾米的社会现象，从分割走向垄断。由于竞争，租地农场主有一部分人要沦为无产阶级，大土地所有者中也会有一部分人完全破产，农业工人的工资会进一步降低。正是如此，金钱成了人与土地联系的纽带，金钱关系统治着一切。大地产所有者这种对金钱贪得无厌的欲望，把农业工人的工资降到最低限度，不断加剧他们同工人之间的敌对矛盾，促使资产阶级和无产阶级的对立、斗争更加激化，从而必然导致革命的爆发。

（四）地产与资本

最后，马克思概括了地产与资本，即私有财产不同形式的历史结局。"工业必然以垄断的形式和竞争的形式走向破产，以便学会相信人，同样，地产必然以这种方式或那种方式发展起来，以便以这些方式走向必不可免的灭亡。"

这段话也对农业向工业发展之后，工业历史发展的结局作了总结。私有制发展了的形式就是资本主义的工业。而地产与资本的差别是历史的差别，地产必然发展到更高级的私有制形式，也就是地方变成资本时，同样走向它不可避免的灭亡。马克思通过对地产运动的研究，揭示了人类社会发展的客观规律：资本主义经济是建立在私有制基础上的经济，最后走向灭亡是不可避免的历史命运。

马克思在接下来的章节中，对资本与地产的对立运动作了补充分析。他说："地产是私有财产的第一个形式，而工业在历史上最初仅仅作为财产的一个特殊种类与地产相对立，或者不如说它是地产的被释放了奴隶。"马克思在这里说明了地产是私有财产的第一个形式，而工业是历史发展的趋势，那么当"一切财富都成了工业财富，成了劳动的财富，而工业是完成了的劳动，正像工厂制度是工业，即劳动的发达的本质，而工业资本是私有财产的完成了的客观形式一样。"就是说当工业是私有财产完成了的客观形式时，我们将会看到，"只有这时私有财产才能完成它对人的统治，并以最普遍的形式成为世界历史的力量。"即当资本主义私有制在人类历史上处于统治地位时，商品货币关系将支配一切，它将打破国界、民族上的局限，成为世界历史发展的力量。

通过对工资、资本的利润和地租的研究，马克思看到它们背后所蕴含的东西，就是每一种收入形式，所映现出来的生活境遇是不同的。但在实际上，从人的角度上看，无论是工人、资本家，还是农民，他们都是一样的，他们都是一种异化状态，他们都生活在异化状态之下。

第二节　提出问题——异化劳动的被发现

一、什么是异化劳动——从异化劳动的表现形式谈起

什么是异化？简单地说，异化就是你创造了一种东西，但你创造的东西反过来支配你、反对你、与你作对。在马克思以前，就有异化思想，异化思想并不是马克思的首创。异化最初

是经济和法律用语，"异化"的概念早在17—18世纪，法国启蒙学者在阐述国家的产生、政治领域的问题时使用过，通常是指"权力的转化"、"精神的错乱"等含义，卢梭、克罗修斯都用过"异化"概念。之后黑格尔又把"异化"概念提到了哲学的高度。

黑格尔哲学中的"异化"这个词，也是黑格尔从经济学家们及卢梭的《社会契约论》那里借来的。但是"异化"在黑格尔这里，已经远离了原来的意义上升到了哲学的普遍性的高度。黑格尔认为，异化是绝对观念自身的活动，绝对观念又是把对于自己来说是异己存在的自然界设定为自己生成的一个过程。那么，既然自然界不过是精神向自身复归的一个阶段，这种复归又是主体与客体的同一，那么异化也就包含着自身的扬弃和复归。也就是说，黑格尔哲学是绝对精神的自我异化和复归的客观唯心主义体系，即绝对精神——外化为自然界——复归绝对精神。在黑格尔那里，异化等于外化，异化是绝对精神的异化。

费尔巴哈的异化是在批判宗教的意义上使用的。费尔巴哈哲学是唯物主义哲学，以人和自然为对象。费尔巴哈的异化是指人本质的异化，就是人把自己的本质异化为上帝，并崇拜上帝，受上帝的支配。因此，只有消灭宗教，让异化为上帝的人的本质，回归到人自身，才能使人成为真正的人。所以说费尔巴哈是在批判宗教的意义上使用"异化"概念的。

而马克思与黑格尔和费尔巴哈不同的是，马克思所关注的焦点不是精神的异化，也不是人的类本质的异化，而是劳动异化。这种"异化劳动"是指，劳动者的劳动及其产品反对、奴役、控制劳动者的劳动形态。在马克思看来，劳动是人区别于动物的本质，是人的自由自觉的活动，但在资本主义社会中，劳动发生了异化，从而人的本质也发生了异化。

所以，马克思的异化思想，也是在研究了工资、资本的利润和地租的过程中发现的，看到了在这三个议题背后所映现了不同阶层人的境况，并在对这三个议题作出分析时提出了他自己的思想观点——异化劳动。这是马克思第一次全面地、系统地提出"异化劳动"这一概念。那么，异化劳动这一概念包括哪些内容呢？马克思从以下四个方面规定了异化劳动的本质内容。

（一）工人同劳动产品相异化

1. 资本主义的经济事实表明的情况

劳动所生产的对象，即劳动的产品，作为一切异化的存在物，作为不依赖于生产者的力量，同劳动相对立。在资本主义条件下劳动的实现表现为工人失去现实性，对象化表现为对象的丧失和被对象奴役，表现为异化、外化。

2. 工人同自己劳动产品相异化的表现

劳动的实现如此表现为现实性，以致工人从现实中被排除，直至饿死。马克思是这样描述的："工人生产的财富越多，他的产品的力量和数量越大，他就越贫穷。工人创造的产品越多，他就越变成廉价的商品。物的世界的增值同人的世界贬值是成正比的。"这就是说劳动者所生产的产品，作为一种异己的存在物，工人生产的产品越多，资本家获得的利润就越大，相比之下你就越贫穷；所以这种境况是工人自己造成的，但工人又无法停止劳动，因为停止劳动就意味着死亡。这个事实无非表明，在资本主义条件下，同工人相异化的产品变成了资本，并且逐渐变成统治生产它的劳动者，成为劳动者异己的存在物，不依赖产品的生产者，同生产者本人异化了。劳动产品本应是固定在某个对象之中的，当工人生产一种产品时，本应在这个产品对象里面打上了自己的烙印，但是现在的结果是，在这个产品里面不仅没有打上自己的烙印，反而还意味着这种对象的丧失，劳动者自己是一种被奴役的状况，所以人生产这种产品的同时本身就是一种异化的生活。马克思说："工人在他的产品中的外化，不仅意味着他的劳动成为物品，成为外部的存在，而且意味着他的劳动作为一种异己的东西不依赖于他而在他之外存在，并成为同他对立的独立力量：意味着他给予的生命作为敌对的和异己的东西同他相对抗。"

3. 工人同劳动产品相异化的后果

根据工人同自己的劳动产品的关系就是工人同一个异己的对象的关系这个前提，劳动者与自己产品的关系就是对一个异己的力量的关系，"工人在劳动中耗费的力量越多，他亲手创造出来反对自身的、异己的对象世界的力量就越强大，他自身、他的内部世界就越贫乏，归他所有的东西就越少。"在资本主义世界里，整个生产就是一个复制的状况，机器一旦生产，那么复制就开始了；在这个复制的过程中劳动者的脑袋就会变得越来越简单，所以他们所得到的就越少，自己内部的世界就越贫乏。马克思这种情况与宗教相类似，"人奉献给上帝的越多，留给自己的就越少。工人把自己的生命投入对象，但现在这个生命已不再属于他而属于对象了。"因此工人创造出来的产品作为不依赖于劳动者的独立力量同他相对立，成为一种统治劳动者的社会力量。国民经济学以不考察工人（即劳动）同产品的直接关系来掩盖劳动本质的异化。

（二）工人同自己的劳动相异化

异化不仅表现在结果上，而且表现在生产行动中，表现在生产活动本身中。产品不过是活动、生产的总结。因此，劳动产品的外化，必然是生产本身的能动的外化，或活动的外化，外化的活动。

劳动本是人类区别于动物所特有的东西，但是现在的劳动已经成为一种外在的东西，成为一种不属于他本质的东西。因此，他在自己的劳动中不是肯定自己，而是否定自己，不是感到幸福，而是感到不幸，不是自由地发挥自己的体力和智力，而是使自己的肉体受折磨，精神遭摧残。劳动不是自愿的劳动，而是被迫的强制劳动，因此是一种自我牺牲和自我折磨的劳动。这时候，劳动已经不是一种自我的满足，相反，它成了人们的负担，是劳动者"自身的丧失"。

所以，这种劳动的异化性质明显地表现在，只要肉体的强制或其他强制一停止，人们就会像逃避鼠疫那样逃避劳动。对工人说来，劳动的外在性质，表现在这种劳动不是他自己的，而是别人的，劳动不是属于他，他在劳动中也不属于他，而是属于别人。结果，人（工人）只有在运用自己的动物机能——吃、喝、性行为，至多还有居住、修饰等时候，才觉得自己是自由活动的，而在运用人的机能时，却觉得自己不过是动物。动物的东西成为人的东西，而人的东西成为动物的东西。如果说工人同劳动产品的异化是物的异化；那么，在劳动过程中劳动同生产行为的关系是人同他自己的活动，一种异己的、不属于他的活动的关系，是自我异化。马克思说："劳动为富人生产了奇迹般的东西，但是为工人产生了赤贫。劳动生产了宫殿，但是给工人自己生产了棚舍。劳动产生了美，但是工人变成了畸形。劳动用机器代替了手工劳动，但是使一部分工人回到了野蛮的劳动，并使另一部分工人变成机器。劳动生产了智慧，但是给工人生产了愚钝和痴呆。"在这种状况下，劳动者的生产与生活、劳动与享受完全割裂开来，人们已经感觉不到自己作为人的特征，劳动只是谋生的手段，绝不是人生的第一需要。马克思尖锐地揭露了这种异化劳动的本质。

（三）人同自己的类本质相异化

1. 人是类存在物

所谓类本质就是指人之所以为人的本质所在。人的本质是什么呢？马克思说："通过实践创造对象世界，即改造无机界，证明了人是有意识的类存在物，也就是这样一种存在物，它把类看作自己的本质，或者说把自身看作类存在物。"

也就是说，人在实践上和理论上都把类（无论是自身的类还是其他物的类），当作人们自己的对象；而且人把自身当作有生命的类来对待，当作自由的存在物来对待。无论是人还是动物，类生活从肉体方面说来，都靠无机界生活，而人比动物具有普遍性，人赖以生活的无机界的范围更广阔。从理论领域说来，自然界一方面作为自然科学的对象，一方面作为意识的对象，都是人的意识的一部分，是人的精神的无机界，是人必须先进行加工以及享用和消化的精神食粮。从实践领域说来，自然界也是人的生活和人的活动的一部分。人的肉体只有靠这些自然产品方能生活，精神生活也同样与自然界相联系，所以人靠自然界生活，人为了不致死亡必须与自然界进行不断地交往，因为人是自然界的一部分。

生产生活就是类生活，人的类特性恰恰就是自由的、自觉的活动。人的生命活动与动物生命活动不同，动物和它的生命活动是直接同一的。动物不把自己同自己的生命活动区别开来。人使自己的生命活动本身变成自己的意志和意识的对象。人的生命活动是有意识的。有意识的生命活动把人同动物的生命活动直接区别开来。正是由于这一点，人才是类存在物。他的活动才是自由的活动。

2. 人的类本质

人的类本质就是一种自由自觉的活动，人有无限的创造力和可能，通过一定的方式、活动把这种创造力和可能，体现在外部世界和对象中，通过一个实践来创造一个对象世界，改变自然界，使这种对象世界成为自己本质的一种确证；这是人的本质。也就是说，人们正是通过劳动生产活动来证明了人是一种有意识的社会性的存在物。

3. 人的生产与动物生产的区别

与动物的生产不同，动物的生产是片面的，而人的生产是全面的。因为人的类本质是与动物不同的，人的类本质是自由自觉的活动，而动物只是消极地适应自然界，人类则是能动地改造世界。动物也生产，但动物只生产它自己或它的幼仔所直接需要的东西；动物生产是片面的，而人的生产是全面的；动物只是在直接的肉体需要的支配下生产，而人甚至不受肉体需要的支配也进行生产，并且只有不受这种需要的支配时才进行真正的生产；动物只生产自身，而人在生产整个世界；动物的产品直接同它的肉体相联系，而人则自由地对待自己的产品。动物只是按照它所属的那个种的尺度和需要来建造，而人却懂得按照任何一个种的尺度来进行生产，并且懂得怎样处处都把内在的尺度运用到对象上去。因此，人也按照美的规律来建造。所以，生产活动是实现人的本质的基本活动的基础，劳动的产物就是人的类生活或类本质的结晶。

正是在改造对象世界中，人才真正证明自己是类存在物。人的生产是人的能动的类生活。通过人的生产，自然界才表现为他的作品和他的现实。因此，劳动的对象是人的类生活的对象化：人不仅像在意识中那样理智地复现自己，而且能动地、现实地复现自己，从而在他所创造的世界中直观自身。

4. 人同类本质相异化的表现

但是异化劳动从人那里夺去了他生产的物品，也就从人那里夺去了他的类生活，这样就使人类丧失了劳动的兴趣，使得本应自由自觉的劳动变成了维持生存的手段，人的本质和人的现实完全地错位了，人活得不像人，生产的产品成了自己痛恨的东西，对于劳动像躲避瘟疫一样地逃离它，最后导致人对于自己的整个人生和人本质的丧失。正是因为异化劳动把自主活动、自由活动贬低为手段，也就是把人的类生活变成了维持人的肉体生存的手段，所以人在改造自然的过程中所应有的那种创造性、主动性也就不复存在了，马克思总结道："人的类本质——无论是自然界，还是人的精神的、类的能力——变成人的异己的本质，变成维持他个人生存的手段。"可见，正是由于异化劳动，人们已经被降低为一种动物性的存在，人的有意识的、自觉自愿的生命活动对于人而言已经成了一种奢侈，异化劳动剥夺了人的创造性，剥夺了人在改造自然界的过程中体现出来的主动性。异化劳动使人自己的身体，以及在他之外的自然界，他的精神本质，他的人的本质同人相异化。这实质上导致了一种全面的异化的出现。

（四）人同人相异化

马克思认为，由于上述三个方面的异化劳动的表现导致的直接结果就是人同人的相异化。马克思说："人同自己的劳动产品、自己的生命活动，自己的类本质相异化这一事实所造成的直接结果就是人同人相异化。"

我们知道人不是独立存在的，我们每天都生活在人与人相互交往的关系中，人同自身的任何关系，只有通过人同其他人的关系才得到实现和表现。劳动和劳动产品所归属的那个存在物，劳动为之服务和劳动产品供其享受的那个存在物，只能是人本身。马克思进一步指出："如果劳动产品不属于工人，并作为一种异己的力量同工人相对立，那么，这只能是由于产品属于工人以外的另一个人。如果工人的活动对他本身来说是一种痛苦，那么，这种活动就必然给另一个人带来享受和欢乐，不是神也不是自然界，只有人本身才能成为统治人的异己力量。"这个阶级就是资本家阶级。因此，通过异化劳动，人不仅生产出同他作为异己的、敌对的力量的生产对象和生产的关系，而且生产出其他人同他的生产和他的产品的关系，以及他同这些人的关系。总之，通过异化的、外化的劳动，工人生产出一个跟劳动格格不入的、站在劳动之外的人同这个劳动的关系。工人同劳动的关系，生产出资本家同这个劳动的关系。这就清晰表明，马克思在这里已经不是一般地研究社会关系，而是进展到研究资本主义社会的基本阶级关系，即工人与资本家之间的关系。

因此，当人与人全部异化时，整个世界也就是一个异化的世界。这样整个世界变得贫乏，整个历史变得无味，充满了暴力和残酷，使人认识不到世界的本质也就丧失了自己的本质。马克思在这里，实质是把阶级对抗的存在看作是人同人相异化，这是在异化劳动理论的基础上对资本主义社会阶级关系的考察和积极探索。

二、异化劳动的后果——从需要、分工和货币谈起

马克思在《手稿》中从需要、生产和分工这三个方面对异化劳动所造成的严重后果作了阐述，进一步分析了资本主义发展的动因和资本主义制度下不可避免的矛盾，分析了资本主义必然被共产主义代替的历史结局。

（一）需要

"需要"是重要的经济学范畴，它反映着一定社会制度下的生产目的、道德作用和复杂的经济关系，由于这个时候的马克思还没有建立起自己的政治经济学，所以这里对需要、生产等范畴的分析还带有思辨推理和简单化的表现。

马克思一开始就从人的本质出发，提出在社会主义下和私有制下人的不同的需要。他从社会制度的对立中把握人的需要及其本质，指出，"在社会主义的前提下，人的需要的丰富性，从而某种新的生产方式和某种新的生产对象具有何等的意义：人的本质力量的新的证明和人的本质的新的充实"。也就是说，只有在社会主义下人的需要才能全面展示和得到满足，达到人本质需要的真正实现。在这里，所讲的人的需要，包括物质需要和精神需要，而重点强调对前者的分析，从中可以看出他的唯物主义立场。但是，马克思说，"在私有制范围内，这一切却具有相反的意义"，即私有制使需要带有异化的性质，具体表现为下列几点：

1. 每个人都千方百计的在别人身上唤起新的需要，以便迫使他作出新的牺牲，使对方处于一种新的依赖地位。

2. 每个人都力图创造出一种支配他人的异己的力量，以便使自己的利己主义得到满足。因此，随着产品数量的增长，压制人的异己本质的王国也在扩展，而每一种新产品都是产生相互欺骗和相互掠夺的新的潜在力量。

3. 无产者作为人越来越贫困，资本家为了占有敌对的本质，越来越需要货币，而无产者的贫穷则随着货币权力的增加而日益增长。他在论证需求与货币关系时说："无限制和无节制成了货币的真正尺度。"一切具体的物的有用性都异化为货币，有了货币就有了一切，货币成了唯一需要。也就是说，每个人都企图损害他人的利益来增加自己的财富。这种关系最明显地表现在工人阶级和资本家阶级身上，在资本主义私有制条件下，把人的需要非人化，工人的需要已经降到了仅能维持生存的程度，而这种非人的需要，却正是资本家获取利润的手段。这种损害他人来满足自己需要，增加自己财富的想法，既统治了劳动者也支配着资本家，人们都在这种异化的状态下迷失了自己，失去了人的本质。马克思总结道："异化既表现为我的生活资料属于别人，我所希望的东西是我不能得到的、别人的所有物；也表现为每个事物本身都是不同于它本身的另一个东西，我的活动是另一个东西，而最后——这也适用于资本家——则表现为一种非人的力量统治一切。"

4. 异化劳动导致工人与资本家在物质生活上的两极分化。马克思这样描述道："一方面所发生的需要和满足需要的资料的精致化，另一方面产生着需要的牲畜般的野蛮化和最彻底的、粗陋的、抽象的简单化，或者毋宁说这种精致化只是再生出相反意义上的自身，甚至对新鲜空气的需要在工人那里也不再成为需要了。人又退回到洞穴中，不过这洞穴现在被文明的熏人毒气污染。他不能踏踏实实地住在洞穴中，仿佛它是一个每天都可能从他身旁脱离的异己力量，如果他交不起房租，他就每天都可能被赶出洞穴。……机器劳动的简单化，被利用来把完全没有发育成熟的、正在成长的人，即儿童变成工人，正像工人变成无人照管的儿童一样。机器适应着人的软弱性，以便把软弱的人变成机器。"这就是马克思笔下的关于工人生活的真实写照，工人不再以人的方式存在，他不仅失去了人的需要，甚至失去了动物的需要。可见，在这里，马克思联系需要问题实则论述了工人贫困的原理。从而，工人的粗陋的需要与富人的考究的需要相比形成了鲜明的对照。国民经济学把尽可能贫乏的生活当作计算的标准，把工人变成没有感觉和没有需要的存在物。这反映了资本主义社会两个敌对阶级的截然不同的"需要"，需要血淋淋地反映着社会关系、社会性质和阶级对抗。

不仅如此，马克思还用对比的手法，深刻揭示出资本主义生产对资本家和工人所具有的不同意义。马克思说："生产对富人所具有的意义，明显地表现在生产对穷人所具有的意义中；这对于上层来说总是表现得精致、隐秘、含糊，是假象；而对于下层来说则表现得粗陋、露骨、坦率，是本质。工人的粗陋的需要与富人的考究的需要相比是一个大得多的收入来源。"工人的粗陋的需要也成了资本家赚取利润、发财致富的对象了。这样，马克思就进一步揭露了资本主义制度的对抗性质和资产阶级政治经济学的资产阶级性质，也就进一步说明了为什么工人阶级必将成为埋葬资本主义制度的社会力量。

5. 国民经济学不仅是关于财富的科学，而且是关于克制、穷困和节约的科学。

马克思尖锐指出了，正是由于资本家阶级的需要和满足需要资料的增长，造成了工人阶级需要的丧失和满足需要的资料的丧失。但是国民经济学家为了维护资产阶级的自身利益却作出了违背事实的论证，马克思总结道："他们把工人的需要归结为维持最需要的、最悲惨的肉体生活，并把工人的活动归结为最抽象的机械运动；于是他说：人无论在活动方面还是在享受方面再没有别的需要了"，国民经济学家们"把工人变成没有感觉和没有需要的存在物，正像他把工人的活动变成抽去一切活动的纯粹抽象一样。因此，工人的任何奢侈在他看来都是不可饶恕的，而一切超出最抽象的需要的东西——无论是消极的享受或积极的活动表现——在他看来都是奢侈"，"实际上它甚至要人们把对新鲜空气或身体运动的需要都节省下来"。因此，马克思说，国民经济学对资本家来说，是一门"关于财富的科学"；对工人来说，是一门"勤劳的科学"，同时也是"禁欲主义的科学"，它的基本教条是"自我克制，对生活和人的一切需要的克制"。国民经济学之所以向工人宣扬禁欲主义，就是为了抑制工人的消费，压低他们的工资。

在对待生产和需要（需求、消费）理论上，国民经济学曾经进行过争论。争论的一方以罗德戴尔、马尔萨斯为代表，另一方以李嘉图和萨伊为代表。前者赞成奢侈而咒骂节约，后者则推崇节约而咒骂奢侈。前者认为，奢侈、挥霍是直接发财致富的手段，而后者推崇节约是为了生产出财富。

在评述这两派的观点时，马克思认为两派都有片面性，而且都没有抓住事物的本质。他指出：国民经济学关于奢侈和节约的争论，不过是已弄清了财富本质的国民经济学同正沉湎于浪漫主义的反工业的回忆的国民经济学之间的争论。但是双方都不善于把争论的对象用简单的词句表达出来，因而双方相持不下，而且争论双方都忘记了挥霍和节约，奢侈和困苦，富有和贫困的统一性。尤其他们不懂得用异化概念进行分析。但在分析中，马克思对李嘉图予以公正的评价，指出他的经济学是用"国民经济学……的语言说话"，而不是用道德的语言说话的。而对马尔萨斯等人，马克思则认为，他们信奉反工业主义的浪漫主义经济学。马克思指出，上述两派都"没有体验到财富是一种凌驾于自己之上的完全异己的力量"。因而只有把劳动理解为私有财产的本质，才能弄清楚国民经济学的运动本身的真正性质。马克思这一论点，在他以后的著作中得到了进一步的发展。

（二）分工

在《手稿》中，马克思从他的异化劳动观点出发，研究了亚当·斯密、让·巴·萨伊、斯卡尔贝克、穆勒等经济学家关于分工的论述，并进行了比较分析。他大量摘引了这些经济学家关于分工的论述中有意义的内容，指出了他们的一致性，同时又剖析了他们观点上的差异，提出自己对于分工的观点。

在《手稿》中马克思对以亚当·斯密为代表的国民经济学家的观点作了综合归纳，认为分工可以无限提高劳动生产力；斯密认为分工起源于交换和交易的倾向，这实际是指人们运用理性和语言的结果，也就是说分工起源于人的天性。但斯密却认为交换者的动机，不是人性而是人的利己主义。人的才能的差异与其说是分工即交换的原因，不如说是分工的结果，强调分工对交换的依赖。认为分工随市场的扩大而生长并受到它的限制。在进步状态的社会中每个人都是商人，从而形成为一个商业社会。

马克思指出，萨伊对交换是忽视的，即认为交换是偶然的、非基本的东西，分工是人力的巧妙运用和退化，社会没有交换也可以存在。他认为，只有在文明社会中，交换才是必要的。萨伊认为，分工一方面是一个方便的有用的手段，但同时又"使每一单个人的能力退化"。马克思说，后者是对的，即同马克思的异化概念接近。

马克思认为，斯卡尔贝克强调分工和交换的联系，并且认为私有财产是交换的必要前提。他用客观的形式表述了斯密、萨伊、李嘉图等人的观点，斯密等人已经指出利己主义、私人利益是交换的发动机，并把买卖视为交换的形式。

马克思指出，穆勒则着眼于分工同采用机器有关，他发挥了斯密的两个观点：一是认为商业是分工的结果；二是认为分工和采用机器可以促进财富的大量生产和生产集中。

马克思基本同意斯密的说法，强调分工的人性和社会性，强调分工既是人本身"能力"的需要又是社会交换需要的相互结果。总之，国民经济学家的说法都是大同小异的，马克思指出了资产阶级经济学家在分工问题上的一致性："全部现代国民经济学家都一致同意：分工同生产的丰富，分工同资本的积累是相互制约的；只有自由放任的私有财产才能创造出最有利的和无所不包的分工"。根据这些资产阶级经济学家关于分工的论述，马克思看到了财富和贫困、资本和劳动的矛盾。

随后，马克思对这一问题作了一个简要的小结，他指出："考虑分工和交换是很有意思的，因为分工和交换是人的活动和本质力量——作为类的活动和本质力量——明显外化的表现。"他从异化劳动这个观点出发作了说明，认为分工是关于异化范围内的劳动社会性的国民经济学的用语。这也就是说，分工是资产阶级经济学家用来表示资本主义社会的社会化大生产的一个用语。"劳动只是人的活动在外化范围内的表现，只是作为生命外化的生命表现，所以分工也无非是人的活动作为真正类活动或作为类存在物的人的活动的异化的、外化的设定。"也就是说，分工并不神秘，因为劳动不过是人的活动在外化范围内的表现，不过是作为生命外化的表现，所以分工也无非是人的活动作为真正的类活动，或作为类存在物的人的活动异化或外化的设定。可见，他在这里研究分工的目的主要是为了揭示私有制的起源，并把分工作为异化的一种形式。所以，马克思把分工看作是社会化大生产，并且把它看作是发展生产力的一个主要动力，充分肯定了分工对生产发展的促进作用。

值得注意的是，马克思在研究分工和交换的问题时，得出了一个非常重要的结论——必然消灭私有制。马克思批判了国民经济学对于分工的本质，讲得极不明确而且是自相矛盾的。他说："分工和交换以私有财产为基础，等于说劳动是私有财产的本质，国民经济学家不能证明这个论断而我们则愿意替他证明。分工和交换是私有财产的形式这一情况恰恰包含着双重证明：一方面人的生存为了本身的实现曾经需要私有财产；另一方面人的生存现在需要消灭私有财产。"这就是说分工以及交换、异化、私有财产等都是符合逻辑的，都是人类社会发展的必然产物，都是历史性的范畴。也就是说，作为特定历史条件——私有制条件下的分工和交换是以私有制为前提，它们随着私有制的产生而产生，随着私有制的消灭而消灭，这里仅仅指对私有制范围内的分工和交换的考察，是在这种条件下的发生和发展，而且马克思是从历史发展的角度来看待这个问题的。

"人的生命为了本身的实现曾经需要私有财产"，指的就是资本主义替代封建主义的历史必然过程。因为随着生产力的发展，封建的生产关系严重束缚了需要进一步发展的生产力，当生产关系不再适应当下的生产力发展时，那么必然会出现制度的更迭和生产关系的转换。所以资本主义私有制并不是没有积极作用的。正是因为"曾经需要私有财产",导致了以资本主义私有制为基础的生产关系取代了封建的生产关系,它在历史上是起到过积极的作用的。这里马克思所说的"另一方面人的生命现在需要消灭私有财产"也同样是从历史发展的角度来说的,马克思把资本主义制度的产生、存在看作是有其历史必然性的;然而,在资本主义私有制的基础上,分工和交换空前地发展了起来,形成了资本主义的社会化大生产的生产力,这种性质的生产力和资本主义私有制必然发生矛盾,它要求生产关系必须与它相适应,而能与社会化大生产相适应的只有公有制,所以马克思说"现在需要消灭私有制财产"。由此可见,马克思已经开始关注到资本主义社会的基本矛盾问题,即社会化大生产和资本主义生产资料私有制之间的矛盾。这也是资本主义必然灭亡和共产主义必然胜利的根本原因的思想,在这里,这种思想以萌芽的形态初步形成了。

(三)货币

按照马克思的解释,异化在货币中达到了顶点。"货币是一种外在的",对"一切事物的普遍的混淆和替换"货币把一切都颠倒了，马克思从货币能够购买一切的物出发，分析了货币作用的更为深远的非人化的后果。

其一，马克思指出研究货币的重要性，这是由货币的本质和地位所决定的。

"货币，因为具有购买一切东西、占有一切对象的特性，所以是最突出的对象"。在这一论述中他已经明确提出了货币作为购买手段的职能特征，并含有特殊商品的因素。与此相联系，马克思认为，货币是万能之物，并从货币拜物教观点方面作了论述。他指出，"货币的这种特性的普遍性是货币的本质的万能"。在资本主义社会里，商品经济居于统治地位，一切都是商品，商品就是一切。因此，货币作为交换的普遍媒介物把一切都变为买卖的对象，货币的这种特性的普遍性是货币的本质的万能；凡是作为个人所不能做到的，依靠货币都能做到。因而"货币的力量有多大，我的力量就有多大。货币的特性就是我——货币持有者的特性和本质力量"。所以它被当成万能之物，从而把一切人的关系都弄颠倒了。货币力量越增加，人作为人就越来越贫穷。

其二，货币是一种媒介物。尽管马克思还受到费尔巴哈人本主义的影响，但却已经阐发了这一问题的重要论点。他指出："货币是需要和对象之间、人的生活和生活资料之间的牵线人。但是在我和我的生活之间充当媒介的那个东西，也在我和他人为我的存在之间充当媒介。"只有以货币为"媒介"才能把人们的主观愿望变成现实，货币成了"真正的创造力"。因为货币可以购买一切东西、占有一切物品，它成为普遍的交换的手段，被当作"人们和各民族的普遍牵线人"的。马克思在《手稿》中还认为，货币是联结人与人、人与社会、人与自然的"纽带"，并指出，货币是联系一切的纽带的纽带。作为货币，它还具有"结合手段"、"社会的化合力"和"离间手段"的职能。由此可见，在上述观点中，已经包含着后来马克思关于货币的职能和生产关系思想的萌芽。

其三，马克思最后把货币归结为异化劳动的外在化，从异化劳动角度研究了货币的本质。

他指出："货币的这种神力包含在它的本质中，即包含在人的异化的、外化的和外在化的类本质中。它是人类的外化的能力。"作为媒介，货币是一种真正的创造力。从而，货币是一种外在的、能够把观念变成现实，而又把现实变成纯观念的普遍的手段和能力，被当作万能之物。马克思从人的本质异化的观点，解释了货币成为"万能之物"的根源。他说："货币的这种神力存在于它的本质中，即存在于人的异化的、外化的和外在化的类本质中。它是人类的外化的能力。"货币直接地体现了物对人的统治力量，反过来说，人的异化在货币中获得最充分的表现。所以在资本主义社会，对货币的需要成为唯一的需要，它决定并制约着对其他一切的需要。无限制和无节制成了货币的真正尺度。货币拥有了支配一切人和物的力量，最为充分地表现出了物对人的统治。

其四，货币异化的这种特性，成为颠倒黑白的力量。

他把货币同有效需求联系在一起，并且作了十分精彩的论述。他认为，货币可以把观念、欲望、想象转化为现实的存在。固然，没有货币的人也有需求，但他的需求只是一种观念的东西，从而是一种无效的需求。而"以货币为基础的有效的需求和以我的需要、我的激情、我的愿望等为基础的无效的需求之间的差别，是存在和思维之间的差别"。例如，我想旅行，但又缺乏货币，从而就是一种无效需求。所以，在私有制社会中，货币变成"受尊敬的"东西，因为它可以把坚贞变成背叛，把爱变成恨，把奴隶变成主人，它能"迫使仇敌互相亲吻"。

这种货币的异化使人的和自然的性质颠倒和混淆，破坏了人们之间合乎人性的真正关系。"它把坚贞变成了背叛，把爱变成了恨，把恨变成了爱，把德行变成了恶行，把恶行变成了德行，把奴隶变成了主人，把主人变成了奴隶"，"因为货币作为现存的和起作用的价值概念把一切事物都混淆和替换了，所以它是一切事物的普遍的混淆和替换，从而是颠倒的世界，是一切自然的性质和人的性质的混淆和替换"。因此，在资本主义社会里，货币就是上帝的化身，它万能，它是一切。资本家有了它才能进行统治剥削，才能成为社会的主人，国民经济学的一切研究归根到底是把对它的需要作为唯一的需要。对它来说，它能使一切混淆和颠倒，它是万能和至高无上的。对于人来说，它使得人与人的本质相分离。从而，货币所交换的不是特定的性质，即不是特定的事物或特定的人的本质力量，而是人的、自然的整个对象世界。

因此马克思认为，货币的这种神奇的作用，正是人的本质的异化和颠倒，是资本主义私有制条件下异化劳动的产物，是资本主义经济关系的变现。在资本主义社会里，"一切激情和一切活动都必然淹没在发财欲之中"，马克思生动而深刻地揭示了资本主义社会里人们相互关系和一切活动的本质特征。

从马克思对货币异化的分析中可以看出，马克思的货币论尚处于萌芽和形成的阶段，即他在主张人本主义和异化论的同时，又吸取了古典经济学和其他流派的某些观点，带有道德的谴责色彩；总的来说仍具有过渡性特点。

因此，通过对需要、分工和货币的分析阐述，马克思形象而尖锐地指出了异化劳动给工人带来的严重后果：异化劳动为富人制造了珍品，但为工人生产了赤贫；劳动创造了宫殿，却给工人造成了贫民窟，劳动生产了智慧，而给工人生产了愚钝和痴呆。异化劳动甚至造成如此严重的恶果，它使工人从现实中被排斥出去，直至饿死。由此可见，资产阶级思想家把马克思的异化理论篡改为虚伪的、超阶级的人道主义是毫无根据的。马克思最后指出，要建立合乎人性的未来的社会，在这个社会里，这种黑白颠倒、是非混淆，人不能称其为人的现象就会完全改变。他说："我们现在假定人就是人，而人同世界的关系是一种，人的关系，那么你就只能用爱来交换爱，只能用信任来交换信任"。这就是说,在未来的社会里,人的本质力量将获得充分发挥,人们从物的统治下真正解放出来,到那时每个人将获得全面发展而成为完全的人、真正的人,人的感觉与特性也将彻底摆脱私有财产的束缚与支配而得到充分发展。

三、异化劳动的根源——从异化劳动和私有财产的关系谈起

对于任何一个问题的解决,首先要找到导致问题出现的根源,只有找到根源才知道如何来解决问题,异化劳动问题也是如此。马克思在谈到私有财产时提到了外化和异化,那么这里所使用的"外化",意思是侧重于表示外在于自身的,不属于自身的东西;而在"异化",侧重于表示与自身相对立的,反过来压迫自身、奴役自身的东西。

马克思首先指出了资产阶级经济学的局限性。认为国民经济学从私有财产的事实出发,但是它没有说明这个事实。它把私有财产在现实中所经历的物质过程,放进一般的、抽象的公式,然后又把这些公式当作规律。它不理解这些规律,没有指明这些规律是怎样从私有财产的本质中产生出来的,没有给我

们提供一把理解劳动和资本分离以及资本和土地分离的根源的钥匙。国民经济学家想说什么的时候，总是让自己处于虚构的原始状态。这样的原始状态什么问题也说明不了，他们只是使问题堕入云雾中。

马克思认为把私有财产的起源问题变为异化劳动同人类发展的关系问题，就为解决人怎样使他的劳动外化、异化，这种异化又怎么以人类的本质为根据为这个任务找到了根源，从而有助于获得答案。

（一）私有财产的起源

马克思在这里说的私有财产主要是指资本主义生产关系中的私有财产，首先人类通过劳动把自我的本质力量对象化于外部世界（自然界）得到了满足自己生存的劳动产品。而这一过程也是外化劳动的过程。随着人们劳动能力（生产力）的提高，外化劳动得到了更多的劳动产品，除了满足自身需要以外，出现了产品剩余，有了剩余就随之出现了交换与分工，此时产生了一般意义上的私有财产。当通过暴力及其他手段，私有财产逐渐聚集在少数人手中时，这一部分人就具备了统治他人并占有他人劳动的力量。尤其到了资本主义社会，这些少数人不但占有了物质意义上的私有财产（资本），同时也占有了他人的劳动，使劳动者不但与自己的劳动相异化，同时也与他自身及他的社会关系相异化，此时的劳动成了真正意义上的异化劳动，而那些占有劳动的人也就占有了全部的、包含着资本和劳动两方面的私有财产。

马克思看到了资产阶级政治经济学在私有制问题上的缺陷。资产阶级政治经济学是从私有制出发的，并认为私有制是从来就有、永恒不变的，是一个不必论证的事实，所以，资产阶级政治经济学根本不研究私有制的起源及其合理性问题，反而把私有制看成神圣不可侵犯的而竭力为其辩护。对此，马克思明确指出："国民经济学从私有财产的事实出发，但是，它没有给我们说明这个事实。它把私有财产在现实中所经历的物质过程，放进一般的、抽象的公式，然后又把这些公式当作规律。它不理解这些规律，也就是说，它没有指明这些规律是怎样从私有财产的本质中产生出来的。国民经济学没有给我们提供一把理解劳动和资本分离以及资本和土地分离的根源的钥匙。"这样，资产阶级经济学家由于其阶级局限性，加上以唯心主义和形而上学的世界观为指导，必然不可能揭示私有制的起源和资本主义私有制的发展规律。

（二）私有财产与异化劳动的相互作用的关系

关于异化劳动和私有财产的关系，马克思是这样论述的："通过异化的、外化的劳动，工人生产出一个跟劳动疏远的、站在劳动之外的人对这个劳动的关系。工人对劳动的关系，生产出资本家——或者不管人们给劳动主宰起个什么别的名字——对这个劳动的关系。因此，私有财产是外化劳动，即工人同自然界和自身的外在关系的产物、结果和必然后果。因此，我们通过分析，从外化劳动这一概念，即从外化的人、异化劳动、异化的生命、异化的人这一概念得出私有财产这一概念。诚然，我们从国民经济学得到作为私有财产运动之结果的外化劳动（外化生命）这一概念。但是，对这一概念的分析表明，尽管私有财产表现为外化劳动的根据和原因，但确切地说，它是外化劳动的后果，正像神原先不是人类理性迷误的原因，而是人类理性迷误的结果一样。后来，这种关系就变成相互作用的关系。私有财产只有发展到最后的、最高的阶段，它的秘密才重新暴露出来，私有财产一方面是外化劳动的产物，另一方面又是劳动借以外化的手段，是这一外化的实现。"

从马克思这段话中可以看到，马克思认为，异化劳动和私有财产是相互作用、互为因果的辩证关系。私有财产一方面是异化劳动的产物，另一方面又是劳动借以外化的手段，是外化的实现过程。私有财产的运动本身就是私有财产的异化过程，这一过程又"滋生"和"升华"了"异化"，资本的吃人本性是要榨干劳动者身上的每一滴血汗，私有财产的不断运动加剧了社会的异化状态。

其中，"私有财产一方面是外化劳动的产物，"这句话是说，作为私有财产的物质内容来说，是由劳动创造的，是异化劳动的产物。它强调从人和自然界的关系来讲异化劳动和私有财产的关系。"另一方面又是劳动借以外化的手段是这一外化的实现。"这句话，从私有财产作为一种生产关系，也就是说，由于劳动与资本的分离这种资本主义生产关系才使劳动成为异化劳动。即劳动的异化性质是由资本主义生产资料私有制为基础的生产关系决定的。马克思认为私有财产作为外化劳动手段的这个秘密，只有在其发展到"最后的、最高的阶段"才"重新暴露"出来，而马克思在《手稿》中把资本主义当作共产主义前最后一个阶级社会，也就是私有财产合理存在的最后一个社会，因此马克思在这里所说的最后阶段就是指"资本主义社会"。所以我们是否可以这样理解这句话，在前资本主义社会，也存在着私有财产，这时的私有财产是外化劳动的结果，但它作为一种物质力量，例如作为劳动工具时，也是劳动外化的手段，而且促进了劳动的发展。到了资本主义阶段，私有财产由于自身膨胀的需求，要求更多同时也促成更多劳动的外化，而此时的外化劳动也成为真正意义上的异化劳动。异化劳动与私有财产交互作用、相互促进的关系，到了资本主义阶段变得最为明显，两者以越来越强大的力量，统治着劳动者。

最后马克思指出消灭异化劳动和私有财产的途径，"异化劳动是私有财产的直接原因。因此随着一方衰亡，另一方也必然衰亡"，"社会从私有财产等等解放出来、从奴役制解放出来，是通过工人解放这种政治形式来实现的"。因此异化劳动的衰亡是历史不可避免的进程，私有财产作为异化劳动的结果，也将随着异化劳动的衰亡而衰亡。工人作为异化劳动的主体，其自身就是否定异化劳动的积极力量。只有工人摆脱这种奴役状态，才能解除生产中的劳动异化关系，才能最终消灭私有财产。因此，工人解放，不仅解放着他与外界的自然联系，同时也解放着他与他自身，他与他人的社会关系，最终促成整个社会多方位的、全面的解放。

（三）私有财产存在的后果

在资本主义条件下，私有财产本质上就是劳动。当然，这里的劳动已经是外化了的劳动，工人作为人的本质已经丧失，人的主体的价值得不到体现，生命活动已经失去了自主性。在现实生活中，人因劳动本身的异化而不能表现为自由自觉的生命活动，劳动异化的本质就在于对私有财产的不同占有关系。财产的占有关系不同直接导致了生存方式的不同，工人的境遇与资本家的境遇可以说是天壤之别。这种不同的占有关系在整个社会中表现为人与人之间的经济、政治、文化等各种形态的不平等关系。同时也正是这种生活境遇上的分化和不平等，最终将导致无产阶级革命的爆发。

（四）私有财产的积极扬弃

扬弃是指，一方面是对事物在历史发展中的合理性因素的肯定，予以保留和继承；另一方面是对事物的否定，使旧事物在螺旋上升的变化中向更高的阶段发展，进而实现旧事物向新事物的转化，推动事物的发展。它是历史的一种必然的逻辑过程。积极扬弃就是否定之否定的辩证法，否定私有财产奴役人的本质，对人的占有关系，肯定其作为财富积累的手段，为向生产力的发展和前进奠定物质基础。马克思对于"扬弃"并非仅仅是理论上的停留，更是现实斗争的需要，工人阶级必须用革命的手段与力量，才能达到彻底消除异化之目的。

异化劳动同样也是一个历史性的范畴，是暂时的存在，异化劳动也有其产生、发展到消亡的过程。马克思指出，异化劳动是产生私有财产的直接原因，当一方衰亡的同时，另一方也必然衰亡。所以，资本主义的私有财产也是一个历史性存在，扬弃私有财产是历史发展的必然选择。而且"私有制是一种把私有财产看成人的本质力量的异化的过程，即造成人类本应具有的本质力量越来越远的原因。"只有我们消灭私有制，异化劳动才会消失，劳动才获得了真正意义上的解放。私有财产作为私有制社会的直接物质表现，其产生是人类社会历史发展的必经阶段，随着人类实践活动的不断发展，私有财产最终将走向消亡，退出历史舞台。同时，私有财产作为人类劳动外化的手段与表现，也积累了丰富的物质财富，为人类社会向更发达的社会形态的发展提供了物质基础。

（五）扬弃私有财产的手段

马克思指出："共产主义是私有财产即人的自我异化的积极扬弃，因而是通过人并且为了人而对人的本质的真正占有；因此，它是人向自身、向社会的即符合人性的复归，这种复归是完全的、自觉的和在以往发展的全部财富的范围内生成的。"

可见，扬弃私有财产是扬弃人的劳动活动的异化状态，把人从异化的状态中解放出来，成为自身命运的主宰者与控制者，从而把对抗性矛盾关系变为对人的本质的真正占有关系，实现在人与自然、人与社会相统一的基础上向社会的人的复归，成为真正意义上的"人"。因此，共产主义是扬弃私有财产的必由之路。

五、私有财产关系——从劳动和资本关系的谈起

关于私有财产关系的本质，马克思对此作了明确地回答：私有财产的关系是劳动、资本以及二者的关系。马克思用辩证的观点揭示了工人与资本的对立和统一，从而超过了国民

经济学的水平。

（一）劳动和资本的关系

作为工人存在的特征是相对于资本而言的。因为"工人生产资本，资本生产工人"。而且"工人的价值按照需求和供给而增长，……他的存在、他的生命也同其他任何商品一样"。作为工人，他所具有的只是异己的资本所需要的那些人的特征。可见资本和工人彼此是异己的、处于漠不关心的、外部的相互关系中。而"工人只有当他对自己作为资本存在的时候，才作为工人存在；而他只有当某种资本对他存在的时候，才作为资本存在"。从而，工人作为商品就是这整个运动的产物。可见，在这里，马克思把对私有财产的分析具体化为资本和工人的对立统一关系，指出他们是互相生产物，是资本的运动。

私有财产的关系潜在地包含着作为劳动的私有财产的关系和作为资本的私有财产的关系，以及这两种表现的相互关系。一方面是作为劳动的人类活动的生产，即完全异己的活动的生产。另一方面是作为资本的人类活动的对象的生产，在这里对象的一切自然的和社会的规定性都消失了，完全变成资本家所追逐的利润。劳动和资本的这种对立一达到极限，就必然成为全部私有财产关系的顶点、最高阶段和灭亡。

与私有财产有关，马克思还揭示了资本主义的生产目的是为了获取更多的利润。他指出："李嘉图、穆勒等人比斯密和萨伊进了一大步，他们把人的存在——人生产这种商品的或高或低的生产率——说成是无关紧要的，……照他们看来，生产的真正目的不是一笔资本养活多少工人，而是它带来多少利息，每年总共积攒多少钱"。因此，国民经济学家才把工人的工资规定为维持工人的最低的生活费用。在这里，他以更具体的形式论述了工人的工资问题，有如下两点：其一，在国民经济学看来，工人的需要不过是维持工人在劳动期间的生活的需要，而且只限于维持工人后代不致死绝的程度。这里，他十分清楚地揭示了工资和资本利息的对立，指出资本家通常只有通过降低工资才能增加收益。其二，工资是资本和资本家的必要费用之一，并且不能超出这个必要的界限。

与此同时，马克思还斥责国民经济学研究工人的失业和贫困等问题，他说："国民经济学不知道有失业的工人，不知道有处于劳动关系之外的劳动人。"例如，小偷、骗子、乞丐、失业者、快饿死的、贫穷的劳动者，在国民经济学看来这些人是不存在的。他们是一些在国民经济学领域之外游荡的幽灵。

（二）资本同地产的对立运动

马克思在此还叙述了资本同地产的对立运动，揭示了资本主义必然取代封建主义的历史发展规律。他指出，资本和地产的差别是历史的差别，而不是基于事物本质的差别。这种差别是资本和劳动的对立历史的形成和产生的一个固定环节。这说明，资本同地产的对立运动是同资本主义生产方式的形成与发展联系在一起的。

随后，马克思由分析地租进到论述从地主土地所有制向资本主义土地所有制演变的必然性。马克思指出，随着奴隶转化为自由工人即雇佣工人，地主本身便实际上转化为工厂主、资本家，"而这种转化最初是通过租地农场主这个中间环节实现的"。因此，地主通过租地农场主本质上已经变成普通的资本家。另一方面，经营农业的资本家，即租地农场主也必然会变成地主。马克思认为，这是历史发展的规律，而任何"企图阻止地产变成资本"的做法，都是白费力气的。他还指出，地产的特点是具有地方性的，而资本却具有普遍性和世界性。地产与资本的关系是：没有资本，地产就是死的，即没有价值的物质。

（三）劳动同资本敌对性矛盾的运动及其结局

马克思在这里所分析的私有财产关系，实际上就是分析资本主义社会基本的阶级矛盾关系。认为私有财产的关系是劳动与资本及二者的关系，那么这种关系的对立双方所必定经历的运动是，它们的对立统一的运动。首先，二者的统一表现在：起初，资本和劳动是统一的；后来，它们虽然分离和异化，却作为积极的条件而互相促进和互相推动。其次，二者的对立表现在：它们互相排斥，工人把资本家看作自己的非存在，反过来资本家也把工人视为自己的非存在，双方都力图剥夺对方的存在；二者的根本利害冲突的矛盾是对抗性的。最后，二者各自同自身对立：马克思在这里提到的资本同自身相对立，实际上是讲资本与利润的区分，和利润的分割，说明各类资本家之间的斗争；他提到劳动分解为自身和工资，实际上是把劳动区分为有偿劳动和资本家无偿占有的劳动，因为马克思在这里清楚说明，资本是积累的劳动，而工资是资本的牺牲。

五、异化劳动理论的把握——从异化劳动理论的局限性谈起

（一）异化劳动理论的局限性

异化劳动理论是马克思在由费尔巴哈的唯物主义向马克思主义过渡的中间阶段形成的，虽有历史唯物主义的萌芽，但还没有达到辩证唯物主义和历史唯物主义的高度，还不是研究资本主义制度的科学理论，也不是科学社会主义，具有一定的局限性。

所以在我们了解异化劳动理论伟大意义的同时，也应清楚异化劳动理论的局限性，它的局限性主要表现在：

对人的本质的界定是抽象的、非历史的。首先，马克思认为"人的本质"是"自由自觉的活动"，人通过自由自觉的劳动而得到快乐，这是一种理想化的劳动。这种劳动至多存在于共产主义的高级阶段，属于未来社会。而现实中真正的劳动存在于每个历史阶段。异化之前的"未异化"时的劳动，并非此理想化的劳动，因此，将这种理想化的劳动作为异化的起点，是欠妥当的。其次，马克思关于异化劳动的阐述都是以工人阶

级的立场出发，侧重于体力劳动来论述异化劳动，这样就忽视了脑力劳动的积极作用，更忽视现实中资本家为了组织生产、分配和交换付出的脑力劳动，这样得出的异化劳动理论也是不客观，不完整的。

对资本主义的批判不够充分，还是停留在是道德层面的批判。马克思批判资本主义主要从人道主义的立场出发，认为资本主义将"人"变成了"非人"，是对人的本质的异化，是不人道的，应该推翻；还没有从历史层面、经济层面对资本主义加以批判，显得不够充分。归根结底，主要也是因为当时还没有形成历史唯物主义。

（二）正确认识和把握异化劳动理论

尽管马克思《手稿》里的异化劳动理论有如上一些局限性，但这毕竟是马克思从青年走向成熟的里程碑之一，我们应该客观认识和把握。

异化劳动理论蕴含着许多值得我们今天认真汲取的宝贵思想。它看到了劳动是人类社会赖以生存和发展的深刻基础，这实质上是对经济学领域的"劳动价值论"在哲学方面的发展，揭示了劳动对社会发展的价值。它既包括"异化了的劳动"的丰富内涵，也包括扬弃"劳动的异化"的理论。它以复归人性、全面占有人的本质为尺度，开启了对人的哲学层面的思考，揭示了扬弃"异化"的目标和途径，不仅具有政治经济学方面的意义，而且具有哲学方面的意义，有利于我们理解和把握人与劳动的关系、人与自然的关系、人与社会的关系、人与自身的关系。

第三节　解决问题
——共产主义是扬弃异化的途径

一、马克思对"共产主义内涵"的揭示

异化的问题能不能得到解决，许多学者认为，人本身就是一个矛盾性的存在，有人就有异化，这个矛盾只能逐步地解决，但不会真正地解决。但马克思的观点不同，他持一个乐观主义者的态度。马克思认为为什么会发生异化的现象呢？从以上的分析中我们可以看出，马克思通过对异化劳动的分析，揭示了整个资本主义生产关系的对抗性质。在异化劳动中，工人

生产出与自己利益根本对立的资本家，产生了私有制。可见，异化现象的产生是与社会制度有关，是私人占有制造成的，换句话说，就是所有的人把对财富的这种追求和占有，作为人生的目的，作为人的价值目标。按照这样的结构来推行整个社会的价值构架，最后形成了一种社会结构和机制。在这样的情况下，马克思说是私有制造成了这样一种存在，私有制是整个异化的总根源。要使社会从私有财产中解放出来，只有通过工人解放这种政治形式，"工人的解放包含全人类的解放"。因此，马克思从生产劳动和生产关系的分析中，从阶级利益的根本对立中揭示出共产主义的必然性。

简单地说共产主义的基本特征是，私有财产即人的自我异化的积极扬弃，因而是通过人并且为了人而对人的本质的真正占有。因此，它是人向自身、向社会的（即人的）人的复归，这种复归是完全的、自觉的而且保存了以往发展的全部财富的。这种共产主义，作为完成了的自然主义，等于人道主义，而作为完成了的人道主义，等于自然主义，它是人和自然界之间、人和人之间的矛盾的真正解决，是存在和本质、对象化和自我确证、自由和必然、个体和类之间的斗争的真正解决。它是历史之谜的解答，而且知道自己就是这种解答。

（一）共产主义是人本质异化的扬弃

马克思认为，共产主义是对私有制的否定，是私有制发展的必然结果，同时又包含了以往私有制社会创造的全部物质和精神财富，因而是积极的扬弃。马克思的"共产主义"与当时流行的社会主义、共产主义学说是不同的。当时流行的社会主义和共产主义是马克思在前面进行批判的，认为它们没有彻底摆脱私有财产和异化劳动的影响，因而无法对私有财产及其本质形成正确的认识，自然无法寻求解决现实之路，所以都是空想。

马克思说：私有财产是"异化了的、人的生命的物质的、感性的表现。"宗教、家庭、国家、法、道德、科学、艺术等等，都不过是生产的一些特殊的方式，并且受生产的普遍规律的支配。因此，对人的本质的异化的扬弃，也就是彻底消灭私有财产，即消灭私有制。私有财产的积极的扬弃，作为对人的生命的占有，是一切异化的积极的扬弃，从而是人从宗教、家庭、国家等等向自己的人的即社会的存在的复归。

马克思认为，共产主义是对私有财产和自我异化的积极扬弃，含有了辩证的因素。共产主义在扬弃私有财产时，并非像某些空想社会主义者一样全盘否定了私有财产，而是在承认了私有财产积极作用的前提下对其进行批判和继承的。在扬弃自我异化时，对异化劳动的社会形式进行了否定，而对于劳动和财富本身则进行了积极的肯定。因此，要彻底扬弃现实的私有财产，摆脱人的本质的被占有与束缚，必须有现实的共产主义运动。未来社会中更合理的社会形态扬弃的不仅是私有财产，资本主义本身也在自身的范围内不断扬弃自身不合理的生产关系和资本主义的私有制，不断地调整自己，自我不断地更新与创造。因此，扬弃的过程也是资本主义制度不断进行自身扬弃的运动。在当今社会生活高度异化的时代，私有财产的主宰者是在不断改变财产的存在形式，合理地调节私有制自身内在的矛盾。因此，私有财产的积极扬弃也是一个艰辛、漫长的历史过程。

（二）共产主义对人本质的真正占有

马克思认为，共产主义不是一个具体的制度，衡量一个国家的制度的最好的依据——是不是为了人，是不是把人是本质放在首位。

私有财产表现为人变成了对自己说来是对象的，同时变成了异己的和非人的对象；他的生命表现就是他的生命的外化，他的现实化就是他失去现实性，就是异己的现实。私有财产的积极的扬弃，是为了人并且通过人对人的本质和人的生命，对象性的人和人的产品的感性的占有，不应当仅仅被理解为直接的、片面的享受，不应当仅仅被理解为占有、拥有。人以一种全面的方式，也就是说，作为一个完整的人，占有自己的全面的本质。

私有财产的扬弃，是人的一切感觉和特性的彻底解放。因为感觉和特性无论在主体上还是在客体上都变成人的。别人的感觉和享受也成为我自己的占有。除了直接的器官以外，还以社会的形式形成社会的器官。因此，人的眼睛和原始的、非人的眼睛得到的享受不同。

只有当对象对人说来成为人的对象或者说对象对人说来成为社会的对象，人本身对自己说来成为社会的存在物，而社会在这个对象中对人说来成为本质的时候，这种情况才是可能的。随着对象性的现实在社会中对人说来到处成为人的本质力量的现实。成为人的现实，因而成为人自己的本质力量的现实，一切对象对他说来也就成为他自身的对象化，成为确证和实现他的个性的对象，成为他的对象，对象则成了他自身。人不仅通过思维，而且以全部感觉在对象世界中肯定自己。

从主体方面来看，只有音乐才能激起人的音乐感；对于没有音乐感的耳朵说来，最美的音乐也毫无意义，不是对象，因为我的对象只能是我的一种本质力量的确证。所以，社会的人的感觉不同于非社会的人的感觉。人的感觉，感觉的人性，都只是由于对象的存在，由于人化的自然界，才产生出来。五官感觉的形成是以往全部世界历史的产物。为了使人的感觉成为人的，为了创造同人的本质和自然界的本质的全部丰富性相适应的人的感觉，无论从理论方面，还是从实践方面来说，人的本质的对象化都是必要的。扬弃异化的社会，创造着具有人的本质的这种全部丰富性的人，创造着具有丰富的、全面而深刻的感觉的人作为这个社会的恒久的现实。

主观主义和客观主义，唯心主义和唯物主义，活动和受动，只有在扬弃异化的社会才失去它们彼此间的对立，并从而失去它们作为这样的对立面而存在，理论的对立本身的解决，只有通过实践方式，只有借助于人的实践力量，才是可能的；

因此，这种对立的解决决不只是认识的任务，而是一个现实生活的任务，而哲学未能解决这个任务，正因为哲学把这仅仅看作理论的任务。

（三）共产主义的目标就是向社会向现实的人的一种复归

马克思说：“共产主义是私有财产即人的自我异化的积极的扬弃，因而是通过人并且为了人而对人的本质的真正占有，因此，它是人向自身、向社会的（即人的）人的复归，这种复归是完全的，自觉的而且保存了以往发展的全部财富的。这种共产主义，作为完成了的自然主义，等于人道主义，而作为完成了的人道主义，等于自然主义，它是人和自然界之间、人和人之间的矛盾的真正解决，是存在和本质、对象化和自我确证、自由和必然、个体和类之间的斗争的真正解决。它是历史之谜的解答，而且知道自己就是这种解答。”这是当时的马克思关于共产主义形成的一个总概念，也是他的共产主义思想的基本内容。

在私有财产被积极扬弃的前提下，才使人成为真正的人，成为直接体现他的个性的对象如何是他自己为别人的存在，同时是这个别人的存在，而且也是这个别人为他的存在。

自然界的人的本质只有对社会的人说来才是存在的，因为只有在社会中，自然界对人说来才是人与人联系的纽带，才是他为别人的存在和别人为他的存在，才是人的现实生活要素，只有在社会中，自然界才是人自己的人的存在的基础。只有在社会中，人的自然的存在对他说来才是他的人的存在，而自然界对他说来才成为人。因此，社会是同自然界的完成了的本质的统一，是自然界的真正复活，是人的实现了的自然主义和自然界的实现了的人道主义。

在共产主义条件下，人是为了人而生产的。为了自己和他人而进行生产，通过互相为了对方的生产而证明自身存在的意义。任何个人的产品作为这个人个性的对象化，既体现了他自己的存在，又体现了别人的存在。在扬弃了私有财产的共产主义生活中，人的本质就是在他们的这种相互生产中形成的，即在社会中形成的。"因此，社会性质是整个运动的普遍性质；正像社会本身生产作为人的人一样，社会也是由人生产的。"这是马克思的重要结论，即人们通过生产劳动，不仅生产劳动产品，而且生产着人本身和社会。人就是社会。所以，社会性才是人的本质。扬弃私有财产就是恢复人的社会本质。在这里，"活动和享受，无论就其内容或就其存在方式来说，都是社会的，是社会的活动和社会的享受。"这就是说，不仅活动和享受的内容实际上都是社会创造的，社会中的人们相互创造的，而且，由于消除了劳动和产品的异化性质，消除了私有制条件下彼此孤立的、隔绝的、敌对的个人行为后，使活动和享受的存在方式也成为社会性的了。要实现向社会的人的复归，必须使个人的生存活动与共同的社会活动统一起来，建立一种同劳动的社会本质相适应的生产方式，这就是共产主义的公有制。

因此，只有扬弃了资本主义私有财产的共产主义，才能实现这种向社会的人的复归。而且这种复归是完全的、自觉的、有继承性和扬弃性的，不是人们原来属性绝对的重复，而是发展、前进的；不是个别的采纳，而是对整个人类历史发展的全部物质的和精神财富的继承。

（四）共产主义的物质基础

共产主义向人自身的一种复归，是完全的、自觉的，而且是保存了以往发展的成果的复归。

这是马克思对资本主义和私有制批判的一种最后的结

论，因此，马克思所说的资本主义和共产主义不是一种对立的关系，而是递进关系。就是在资本主义的基础上扬弃。在这样的意义上，共产主义就实现了很多的统一：一个是人和自然的统一，自然的性质和人的自然属性之间的统一；还有一个是人道主义和唯物主义的统一、历史和现实的统一、思维和时代的统一。

他说，"不难看到，整个革命运动必然在私有财产的运动中，即在经济中，为自己既找到经验的基础，也找到理论的基础"。他特别强调科学和工业的发展对共产主义的关系问题，指出自然科学通过工业日益在实践上进入人的生活，改造人的生活，并为人的解放创造了前提。工业是自然界同人之间，因而也是自然科学同人之间的现实的历史关系。因此，如果把工业看成人的本质力量的公开的展示，那么自然界的人的本质，或者人的自然的本质，就可以理解了。"因此，通过工业——尽管以异化的形式——形成的自然界，是真正的、人类学的自然界"。马克思所谓的"自然"，不是指自在的自然（自然和人没有发生关系那部分），虽然它是存在的，但是没有和人发生关系，就有似于无；而人所谓的"自然"，人关照的自然，人看自然，实际上就是从自然中看人。比如自然原本陌生的那部分，成为人将认识的对象，那么它对于人的意义来说，我能不能掌握这种自然本身的结构和规律，如果掌握了就说明人的认识能力和对象之间达成了一种匹配的关系。因此，是那个东西确证了人本身的一种力量和创造性。那么马克思所说的唯物主义，是和人结合在一起的，人道主义和唯物主义合一的，思维和存在的统一、理论和实践的统一，这是马克思的哲学。可见，马克思的解释不仅与平均共产主义和无政府共产主义有区别，而且提出了人类与自然界的平衡问题，而这正是新马克思主义者所论证的一个新课题。

因此，马克思认为的共产主义不是倒退到原始状态中去，而是建立在以实验科学和大工业的物质基础和人类文明的基础之上的，而是一种人类自身辩证运动的发展。而且，异化不仅仅是消极的、否定的，而且也是人类发展的必经而不可逾越的阶段，从而在私有制基础上和异化形式中得到高度发展的生产力，工业和科学为共产主义创立了物质和精神的条件。

（五）共产主义是历史之谜的解答

马克思还指出，共产主义是迄今为止存在的人和自然界之间、人和人之间等矛盾的真正解决，是历史之谜的解答。共产主义"是人和自然之间、人和人之间的矛盾的真正解决，是存在和本质、对象化和自我确证、自由和必然，个体和类之间的斗争的真正解决。它是历史之谜的解答，而且知道自己就是这种解答。"马克思在这里的"历史之谜"是指，上述种种的矛盾关系，按其本性说是本该是和谐统一的。只是由于私有制和异化劳动破坏了这种和谐统一。所以马克思当时是把上述种种矛盾看作是私有制社会长期得不到解决的"历史之谜"。

由于异化劳动的出现，人类社会随之产生了私有财产，在异化劳动和私有财产的条件下，产生了一系列的带有异化性质的、特殊的矛盾。如：人与自然之间、人与人之间、存在与本质之间、对象化与自我确证之间、自由与必然之间、个体与类之间都被印上了异化的烙印。只有在共产主义条件下，由于资本主义私有制的彻底扬弃，异化劳动和私有财产所造成的一系列矛盾得以真正的解决。也只有在共产主义条件下，人们才能正确地把握历史规律，自觉地创造历史，人类历史才真正从必然王国进入了自由王国。所以，马克思说，共产主义就是"历史之谜的解答，而且知道自己就是这种解答"。

在这里，马克思阐明了关于认识论的重要思想，指出，"全部人的活动迄今都是劳动，也就是工业"。而"工业的历史和工业的已经产生的对象性的存在，是一本打开了的关于人的本质力量的书，是感性地摆在我们面前的人的心理学"。感性必须是一切科学的基础，科学只有从感性意识和感性需要这两种形式出发才是现实的科学。因此，马克思说的自然主义是指自然、人化的自然和社会的和谐的统一（即平衡），是"人同自然界的完成了的本质的统一，是自然界的真正的复活，是人的实现了的自然主义和自然界的实现了的人道主义"。从而，自然界真正成为人的对象和基础，自然界通过自己的产物——人把自己发展到一个高级的阶段，人和自然界同时都得到了真正的解放。

综上所述，共产主义是对私有制和异化的扬弃，是人和人、人和物、人和自然之间的友爱与和谐关系的真正恢复，是这种矛盾的真正解决，从而也是历史之谜的解答。但是，这里需要说明，在《手稿》中，马克思并不认为共产主义是一种目标社会形式。他说："共产主义并不是人类发展的目标，并不是人类社会的形式。"那么，共产主义是什么呢？"共产主义是作为否定的否定的肯定，因此它是人的解放和复原的一个现实的、对下一段历史发展说来是必然的环节。共产主义是最近、将来的必然的形式和有效的原则"。可见，马克思在这里边没有我们所想的关于社会主义和共产主义的论证和结论，因此这种共产主义并不是一种制度，甚至也不是一个具体的形态，它实际上是一种运动，一种过程，一种境界。

二、马克思对空想社会主义学说的批判

马克思认为，共产主义起源的社会背景是社会的不平等和阶级压迫，以及群众的苦难。而阶级的对抗只有从劳动和资本的方面加以考察才有意义。但是，"无产和有产的对立，只要还没有把它理解为劳动和资本的对立，它还是一种无关紧要的对立"。因此，马克思认为，私有财产得以产生的根本原因是异化劳动，所以要消灭私有财产、解放全人类必须消灭异化劳动。共产主义就是消灭私有、扬弃异化的学说。由于资本主义大生产使社会矛盾极大地突显出来，使废除私有财产的问题变得更加尖锐而被重新提起。虽然，在马克思之前的那些空想社会主义学说对这种社会矛盾进行揭露和批判，但却揭示不了

这些矛盾的本质和意义，因为他们并不真正了解私有财产的本质。因此，马克思在阐述自己的观点之前对以往的空想社会主义进行了分析和批判。

（一）对共产主义各种流派的批判

社会主义最初的存在形式并没有彻底否认私有财产，只是从私有财产的客体方面来考察。因此，认为只要消灭了资本就可以扬弃异化。另一种社会主义认为，劳动的特殊方式，即划一的、分散的，因而是不自由的工业劳动，是私有财产的有害性的和它同人相异化的存在根源。

如对蒲鲁东改良主义的批判。蒲鲁东为了克服资本主义的不平等，提出"财产就是盗窃"，主张"工资平等"，企图用"提高工资"来消灭工资的不平等，马克思指出这种改良主义完全是空想。因为在异化劳动条件下"工资和私有财产是同一的，因为用劳动产品、劳动对象来偿付劳动本身的工资，不过是劳动异化的必然的后果，因为在工资中，劳动本身不表现为目的本身，而表现为工资的奴仆。"所以，"强制提高工资…无非是给奴隶以较多的报酬，而且既不会使劳动获得人的身份和尊严。"即在异化劳动条件下，在资本主义社会里，工人的工资是异化劳动的直接结果，是维持工人奴隶般的生活的最低费用。而要改变工人的生活状态，只是依靠工资的提高和平等，是不可能达到目的的，因为这不是一个技巧问题，而是制度问题，如果不改变现行制度，像蒲鲁东那样，只是用口号、用呼吁来改变工人的生存状态——获得人的身份和尊严，得到真正的解放，只能是无法实现的空想。

如对傅立叶和圣西门空想社会主义的批判。傅立叶和重农学派一样，把农业劳动看成唯一的有生产性的劳动，认为农业劳动是最好的劳动，认为回到农业劳动就可以扬弃异化，而圣西门则相反，认识到工业劳动对扬弃异化的作用，把工业劳动看成劳动的本质，但他不彻底否定资本家的统治，幻想在保留资本家统治的条件下扬弃异化。虽然二人存在着一定的差别，但他们都对同一个问题——劳动进行了批判，"劳动的特殊方式，即划一的、分散的，因而是不自由的劳动，"认为不自由的劳动是私有财产的弊病和它同人相对立的根源。但是，他们把不自由的劳动视为劳动的一种特殊方式，而没有看到它实质就是异化劳动。傅立叶和圣西门没有认识到这一点，所以，他们只是批判私有制，但并不主张完全消灭私有制，认为只要改变了劳动的组织方式，就可以去掉私有财产的有害性，就可以在保存私有财产的条件下，解决平等和社会幸福的问题。

（二）对粗陋的共产主义（平均主义）的批判

所谓粗陋的共产主义，是19世纪共产主义思想的一个派别，出现在封建社会晚期和资本主义社会早期，主要宣扬平均主义的社会平等思想。马克思在《1844年经济学哲学手稿》中对这种粗陋的共产主义给予批判，认为这种共产主义不顾历史发展的实际和人类文明成果，一味强调平等的平均主义思想，是一种反动的共产主义，是"用普遍的私有财产来反对私有财产"，逆社会生产力发展、逆历史潮流而动的反动思潮。马克思虽然在手稿中没有明确指认哪种共产主义，但从他所批判的具体观点看，一般认为，这样的共产主义有两种表现形式：一种是平均主义；一种是提倡公妻制的人道派。恩格斯曾说过："平均主义派和大革命时代的巴贝夫派一样，都是一些相当粗暴的人。他们想把世界变成工人的公社，把文明中间一切精致的东西——科学、美术等，都当作有害的东西，当作贵族式的奢侈品来消灭掉。这是一种偏见，是他们完全不懂历史和政治经济学的必然结果。人道派主要是以攻击婚姻和家庭以及其他制度见称。"

马克思首先分析批判了粗陋的、平均主义的共产主义。马克思说道："物质的财产对它（指粗陋的共产主义——引者）的统治那么厉害，以致它想把不能被所有人作为私有财产占有的一切都消灭；它想用强制的方法抹杀天赋才能，等等"。可见，这种共产主义的本质就是追求财产的平均化，接着马克思又尖锐地指出"粗陋的共产主义不过是种忌妒和这种从想象的最低限度出发的平均化的顶点。它具有一个特定的、有限的尺度。对整个文化和文明的世界的抽象否定，向贫穷的、没有需求的人——他不仅没有超越私有财产的水平，甚至从来没有达到私有财产的水平——的非自然的单纯倒退，恰恰证明私有财产的这种扬弃绝不是真正的占有。"粗陋共产主义的这种抹杀才能、否定个性、否定文明的主张，使它的空想性与反动性展现得一览无余。这种平均主义的共产主义不仅不能反映社会历史发展的客观规律，更不是历史的进步，反而是一种不可能实现的倒退。

粗陋共产主义的另一种表现形式是公妻制。马克思对这种荒诞无稽的主张进行了严厉的批判："拿妇女当作共同淫乐的牺牲品和婢女来对待，这表现了人在对待自身方面的退化"。马克思在这里，批判了把妇女作为私有财产进行分配，指出这是人类的一种退化。并进一步指出，男女之间的关系是人与人之间直接的、自然的、必然的关系，而这种人和人的社会关系正是人区别于动物的本质，同时，可以从这种关系中判断人的整个教养程度。人是一种社会存在物，人区别于动物的本质就是这种人和人所具有的社会关系。而马克思所强调的共产主义，是积极扬弃私有财产的共产主义，只有在这种制度下人才能获得全面发展。最后，马克思指出"对私有财产的最初的积极的扬弃，即粗陋的共产主义，不过是想把自己设定为积极的共同体的私有财产的卑鄙性的一种表现形式"，即科学共产主义是空想共产主义的扬弃和发展；对私有财产的态度——保留还是彻底消灭，是辨别是否是科学共产主义的关键。马克思通过对粗陋共产主义的批判分析，为科学共产主义的论证奠定基础。

（三）对政治性质上共产主义的评述。

共产主义按政治性质划分有两种：一种是民主的或专制的；另外一种是废除国家的。这两种形式的共产主义都已经把自己理解为人向自身的还原或复归，理解为人的自我异化的扬弃。但是它没有弄清楚私有财产的积极本质，也不理解需要的人的本性，所以它还受私有财产的束缚和感染。它虽然已经理解私有财产概念，但是还不理解它的本质。

第三章　《1844年经济学哲学手稿》中马克思对前人思想的反思

第一节　对亚当·斯密经济理论的评论

斯密是英国古典经济学的创立者之一，亚当·斯密在经济学界的地位是无人可以替代的，他的《国富论》在经济学领域的影响极为深远。同时，他在伦理学方面的建树也十分重要，他的《道德情操论》至今依然是经典之作。他的这两篇著作不仅影响了整个时代，而且至今仍然是值得研读的经典之作，更是学习经济学的必读书目。

对于渴望探寻经济学奥秘的马克思，对斯密的经济思想学习更是不可能错过，可以说，马克思能够建立自己的经济学思想，离不开斯密、李嘉图等经济学家思想上的支持。因为马克思主义政治经济学的主要来源就是英国的古典政治经济学，如亚当·斯密、李嘉图等人的古典政治经济学流派。

古典政治经济学也就是资产阶级古典政治经济学，是西欧资本主义产生时期的资产阶级政治经济学。产生于17世纪中叶，完成于19世纪初。主要成果是奠定了劳动价值论的基础，并在不同程度上探讨了剩余价值的各种形式，如利润、利息和地租等问题。受资产阶级立场和历史条件的限制，它不了解资本主义发展规律，把资本主义经济关系和各种经济范畴都看成是自然的、永恒的，不可避免地存在着庸俗的因素。在英国，古典政治经济学是从威廉·配第（1623—1687）开始，亚当·斯密（1723—1790）是其集大成者，它的完成者是大卫·李嘉图（1772—1823）。在法国，是从比埃尔·布阿吉尔贝尔开始，经以弗朗斯瓦·魁奈为代表的重农学派的发展，它的完成者是西蒙·西斯蒙第。古典政治经济学产生于资本主义生产方式逐步取得统治地位的时期，这个时期的主要阶级矛盾是资产阶级与封建地主阶级之间的矛盾。古典政治经济学代表了这个时期的资产阶级利益，并成为资产阶级反对封建制度及其残余的理论武器。

政治经济学的早期形态之一。对重商主义进行批判的基础上建立的，认为一个国家相对于其他国家的权力十分重要，但是国家乃至国际的经济条件经济制度，特别是市场则更为重要。在经济生活中，起决定作用的并非国家的政治权力，而是市场。它的基本特征是认为经济决定政治，它信奉经济自由主义，推行市场这只看不见的手。它最先出现于工业革命时的英国，后来扩展到欧美，亚当·斯密等是其代表人物。

关于《手稿》中马克思对斯密的评价，就不得不提到重商主义和重农主义。因为斯密在私有财产和劳动方面的思想也是在发展和继承了重商主义和重农主义的思想观点基础上而提出来的。

重商主义和重农主义是资产阶级政治经济学的开端，是对资本主义生产方式所作的最初的理论考察。

重商主义是在资本主义的原始积累时期发展起来的一种资产阶级经济理论。重商主义只承认贵金属是财富的存在，强调积累金银货币和对外贸易的重要性，把金银看作是财富的唯一形式，认为国家的繁荣依赖于资本（贵金属）的供应。他们研究的对象是流通，是商业资本运动的表面现象，它把观察到的这些流通领域的现象加以分类和解释，制定出相应的经济政策。他们的目的是为了给商业资本家提供一套货币"产生"货币的方法。他们认为，贸易的全球规模是不可改变的，只有真正实现为货币的东西才是财富，财富就是货币，利润是商品转手时贱买贵卖的结果；他们把流通看作是利润的直接来源。他们认为，只有各国之间的流通才是财富的源泉。因为国内的流通只是把货币从一人转移到另一人，对这个国家来说既没有增加财富，也没有减少财富。反之，对外贸易则可以增加一国的货币量。因此，他们主张在国家的支持下发展对外贸易，强调对外贸易的差额必须是顺差，这样才是对国家有利的，即应当少向外国人购买，多向外国人销售。

由于重商主义把私有财产仅仅看作存在于人之外的财富，不注意生产本身，不认为生产的发展是社会财富的源泉，而把追求货币顺差或贸易顺差看作是积累财富的源泉，把积存货币宣布为最高目的，所以启蒙国民经济学家把重商主义的信徒称为拜物教徒。他们只看到社会财富的物的形式，而看不到它的社会本质。所以，马克思说他们把私有财产看作"仅仅是人之外的一种状态的国民经济学"。

英国古典经济学家亚当·斯密批判地继承和丰富发展了重商主义和重农主义的经济学思想。马克思在《手稿》里虽然还没有全面系统地批判分析亚当·斯密理论的一切积极成果，但是肯定了斯密理论的功绩：斯密反对重商主义的拜物教，把劳动看作财富的唯一的本质因素，扬弃了"财富的这种外在的、无思想的对象性"，把人本身看作私有财产的规定。即斯密把"私有财产的主体本质，作为自为的活动，作为主体、作为个人的私有财产，就是劳动。"这是斯密最大的最积极的理论成果。马克思认为"只有那种把劳动视为自己的原则"的亚当·斯密的理论，才是反映了资本主义经济运动规律的意识形态。

《国富论》一书是斯密最具影响力的著作，这本书对于经济学领域的创立有极大贡献，使经济学成为一门独立的学科。在西方世界，这本书甚至可以说是经济学发行过最具影响力的著作。《国富论》一书就是针对重商主义最经典的反驳。他在书中一开始就宣布财富的来源是劳动，并且针对着重商主义和重农主义的错误观点，特别强调提出，不管是农业中的劳动，还是工业中的劳动，任何地方的劳动都是财富的创造者。他把劳动生产作为建立自己的政治经济学理论体系的基本原则。这些思想反映了亚当·斯密对资本主义生产方式的认识比之于重商主义，重农主义是深化了、前进了。所以马克思充分地肯定了亚当·斯密的学说，肯定了他的学说对推动资本主义经济发展的积极作用。马克思说："因而，十分明显，只有那种把劳动视为自己的原则（亚当·斯密），也就是说，不再认为私有财产仅仅是人之外的一种状态的国民经济学，才应该被看成私有财产的现实能量和现实运动的产物（这种国民经济学是在意识中形成的、私有财产的独立运动，是现代工业本身）、现代工业的产物；而另一方面，正是这种国民经济学促进并赞美了这种工业的能量和发展，使之变成意识的力量。"

虽然亚当·斯密在批判重商主义和重农主义的基础上，发展了经济学，但他仍然是一个资产阶级的经济学家。马克思具体剖析了他的学说的资产阶级性质。

马克思指出，从表面现象来看，国民经济学是以劳动为原则，提高了人的地位，并宣布人是财富的创造者。但是，从实质上看，"不过是彻底实现对人的否定而已"。这是因为它所讲的劳动是资本主义条件下的雇佣劳动，是异化劳动。马克思说："以劳动为原则的国民经济学，在承认人的假象下，毋宁说不过是彻底实现对人的否定而已，因为人本身已不再同私有财产的外在本质处于外部的紧张关系中，而人本身却成了私有财产的紧张的本质。以前是人之外的存在，人的实际外化的东西，现在仅仅变成了外化的行为，变成了外在化。"即是说，按照亚当·斯密的说法，资本是积累的劳动，劳动是资本的本质，这实际上是赋予资本主义私有财产一种活的、能够自行保存和自行增殖的能力和意志。对工人来说不过是人的本质的异化，对人的本质的彻底否定。不仅如此，亚当·斯密还把这种异化劳动说成是普遍的、永恒的存在，是唯一的政策。因此，马克思评论说：斯密的理论必然是从承认人、承认人的独立性和自我活动等表象下开始的。

第二节　对大卫·李嘉图经济理论的评论

大卫·李嘉图是英国古典政治经济学的完成者，英国古典政治经济学在李嘉图那里达到顶峰。他集英国古典经济学的大成，创立了劳动价值论，建立起资产阶级经济学的科学理论体系。从亚当·斯密到大卫·李嘉图，中间相隔不到半个世纪，但是这个时期英国社会经济发生了极为巨大的变化，英国产业革命蓬勃进行、产业资本同封建残余势力进行斗争、为自己的发展奠定了物质基础。李嘉图继承和发展了斯密经济理论中的精华，进行了深刻研究，并于1817年出版了《政治经济学及赋税原理》，把古典政治经济学推向了最高峰。

《政治经济学及赋税原理》以功利主义为出发点，把个人利益看作经济活动的出发点和准则。在他看来，资本家发展生产时追求的是个人利益，是利润。利润又是资本积累的源泉和扩大生产的条件，只有利润增加才能保证生产力发展，财富增加。因此，资本的利益不仅代表资本家自身的利益，同时代表了全社会的利益。但是他认为地主阶级的利益和社会的利益是矛盾的。他的主张实际上是资产阶级的功利主义，其功利主义原则服从于资本扩大自身利益和反对地主阶级的要求。

斯密生活的年代正处于英国产业革命的前夜，是处于英国手工工场时期。那时的英国工业资产阶级还没有和土地占有者的利益发生尖锐的矛盾。亚当·斯密拥护工业发展的时候，对土地所有者的利益未加触犯。而李嘉图所处的时期则不同，他生活的年代正是英国产业革命蓬勃发展时期。由于工业革命的发生，全国的资本主义工业获得突飞猛进的发展，这种生产力的发展要求彻底消灭封建的土地所有制。李嘉图在他的《政治经济学和租税原理》中鲜明地反映了资本主义经济发展的这种要求，反对封建土地所有制。因此，李嘉图的理论遭到了封建土地所有制的拥护者的攻击。所以马克思在谈到李嘉图的学说时说："它还致命地打击了私有财产和财富泉源的最后一个个别的、自然的、不依赖于劳动运动的存在形式，即地租。"

根据资本主义经济发展的要求，李嘉图的学说比斯密的学说发展得更加彻底、更加真实。马克思在评论李嘉图学派时说："不顾这种学说使它陷入的那一切表面的矛盾，十分片面地，因而也是更加明确和彻底地发挥了关于劳动是财富的唯一本质的论点"。马克思在肯定李嘉图的经济学说的历史作用的同时，又指出李嘉图的理论的局限性：首先他把资本主义生产方式及其发展规律，看作是一切社会的生产方式和发展规律。他虽然分析了价值、工资、利润和地租等范畴，但是却从不注重这些范畴的历史起源。他虽然指出了工资和利润、利润与地租之间的对立，但却把这些只看作社会所固有的、自然存在的东西。其次，他把资本主义生产关系看作固定不变的，这样就看不到反映资本主义生产关系的经济范畴在资本主义条件以内，由于生产关系变化而引起的变形和复杂化。所以，李嘉图的理论把资本与劳动，资产阶级对无产阶级的这种对抗性的剥削关系，毫不掩饰地、赤裸裸地暴露出来了。马克思说："从斯密经过萨伊到李嘉图、穆勒，等等，国民经济学的犬儒主义不仅相对地增大了（因为工业所造成的后果在后面这些人面前以更发达和更充满矛盾的形式表现出来），而且他们总是积极地和自觉地在人的异化方面比他们的先驱者走得更远，但这只是因为他们的科学发展得更加彻底、更加真实罢了。"

马克思同时指出资产阶级经济学带有它不可能克服的局限性，即资产阶级经济学理论包含着矛盾。他们一方面把劳动看作是财富的唯一本质，认为一切财富都是劳动创造的，另一方面他们又认为劳动者的非人化的状况、异化的状况是理所当然的。这显然是一种自我矛盾，马克思认为，这种理论上的矛盾正是对客观的资本主义经济自身矛盾的反映。所以马克思说，国民经济学本身的支离破碎的原则，不过是支离破碎的工业现实的反映。

第三节　对魁奈的重农主义学说的评论

弗朗斯瓦·魁奈是资产阶级古典政治经济学奠基人之一，法国重农学派的创始人和重要代表。

魁奈所处的时代法国资本主义制度处于萌芽阶段，在封建制度下，农业是整个经济的基础，加工工业不过是农业的附属物，商业和货币资本都遭到鄙视，所以重农学派一开始就鲜明地、尖锐地和重商主义相对立。他把从事农业活动的阶级叫作生产者阶级，其他阶级都叫作非生产者阶级。魁奈的重农理论将经济行动者分为三个阶级：资产阶级的地主、有生产力的农业劳动者、无生产力的工匠及商人。认为物质才是财富，只有农业才能使财富增加，工业只能改变财富的形态，不能增加财富的数量，服务业更不能增加财富的数量。

从总体上来说，重农主义者认为，经济活动的主要动力是来自农业生产的盈余，而其他的如工资、消费、地租是这盈余的转化及衍生活动。在政策方面，为鼓励生产创造真正的物质财富，国家征的税应主要在土地拥有者而非农业劳动者上，并要求国际的农粮贸易要自由化并免除关税。认为国家的财富决定于农业生产。其他的经济活动，如制造，被看作是利用农业产品的盈余部分，将其转化为另外的产品形式，用盈余的农产品养活从事制造的工人。虽然制造业和其他非农业工人还是有其用途，他们的收入并非最终来源于他们的劳动，而是农产品盈余部分的转化。

马克思在《手稿》中重点考察了重农学派和魁奈对生产劳动的看法。他第一次揭示了从重商主义发展到重农学派的过程。他指出："魁奈医生的重农主义学说是从重商主义到亚当·斯密的过渡。重农学派直接是封建所有制在国民经济学上的解体。"正因为如此，它同样是封建所有制在国民经济学上的变革、恢复，不过它的语言这时不再是封建的，而是经济学的了。

马克思还比较分析了重商主义和重农主义观点的异同，指出重商主义者只承认贵金属是财富的存在。而重农主义则前进了一步，认为全部财富被归结为土地和耕作（农业）。马克思肯定了这种说法比之于重商主义是一种进步。重农学派认为，土地只有通过劳动、耕种才对人存在。因此，财富

的主体本质已经移入到劳动中，这一点具有重要的历史进步
意义。既然他们把劳动宣布为财富的本质，也就否定了特殊
的、外部的、纯对象性的财富。但农业同时被宣布是唯一的
生产的劳动。他认为农业的"纯产品"应该全部交给封建地
主，否则生产就不能发展。这样，魁奈的经济思想不可避免
地就带有封建主义的外观。最后，马克思对魁奈重农主义作
了一个总的概括，指出："他们既然把生产（农业）说成是
地产的本质，也就消除了地产的封建性质，但由于他们宣布
农业是唯一的生产，他们对工业世界持否定态度，并且承认
封建制度。"这就是说，魁奈的重农主义虽然实质上反映了
法国资本主义经济的特点，但是又给人以维护封建制度的外
观这样一种矛盾状况。所以，对于它的历史地位，马克思指
出，它直接是封建所有制在国民经济学上的解体，因为它既
然把农业生产说成是地产的本质，这就消除了地产的封建性
质。但由于它宣称农业是唯一的生产，对工业世界持否定态
度，所以马克思又把它称作是封建所有制在国民经济学上的
变革、恢复。值得关注的是，魁奈的重农主义学派第一次把
资产阶级政治经济学的研究从流通领域引入生产领域。这一

点无疑是资产阶级经济思想发展史上的一个重大进步。

马克思指出，斯密和李嘉图已经从经济学上论证了农业与其他生产部门没有区别，并得出结论说，"财富的本质不是某种特定的劳动，不是与某种特殊要素结合在一起的、某种特殊的劳动表现，而是一般劳动"。其中地产只是私有财产的第一个形式，而工业在历史上最初仅仅作为财产的一个特殊种类与地产相对立。而劳动最初也是以农业劳动的形式出现的，后来才作为"一般劳动得到承认"。在资本主义下，工业的主体本质也同时包含着地产的主体本质。因此，一切财富都成了工业的财富，成了劳动的财富，而工业是完成了的劳动，正像工厂制度是工业，即劳动的发达的本质，而工业资本是私有财产完成了的客观形式一样。而"只有这时私有财产才能完成它对人的统治，并以最普遍的形式成为世界历史的力量"。

通过马克思对斯密、李嘉图和以魁奈为代表的重农学派的理论研究中可以看出，马克思从生产劳动、一般劳动（抽象劳动）和特殊劳动方面，基本上总结了古典经济学对此问题的认识上的统一性、差别及其演变。在这里，马克思提示了他后来的经济思想史中发展的四个阶段：重商主义、重农主义、斯密和李嘉图。而且指出，他们的学说分别以商业资本、农业资本和工业资本为基础。马克思认为私有财产有一个发展过程，而其最高和普遍的形式是工业资本。

第四节　对以布鲁诺·鲍威尔为首的
青年黑格尔派的批判

布鲁诺·鲍威尔是青年黑格尔运动著名的代表人物，是马克思大学时代的柏林俱乐部的故友和启蒙者。鲍威尔从1834年起在柏林大学担任神学讲师，马克思曾听过他的讲课。1837年，马克思参加了以鲍威尔为首的博士俱乐部的活动，自此以后他们之间的联系比较密切。鲍威尔是由保守的黑格尔主义者转变过来的。他对神学和宗教进行了抨击。他认为，基督教用教义来束缚人们，要通过对基督教教义进行彻底地批判，来摆脱基督教的压迫，并把这种批判看作是历史发展的动力。他的批判哲学对当时青年黑格尔派反对专制王权与宗教的反动统治，提供了强有力的精神武器，因而对当时的宗教批判运动产生过良好影响。但从在《莱茵报》时期，二人就分道扬镳了。

马克思早在《德法年鉴》上写的文章中就已对他们的观点作了批判。后来，由于他们向普鲁士政府反动镇压的屈服，以布鲁诺·鲍威尔为首的青年黑格尔分子日益脱离实际、脱离群众，成了一个纸上空谈的反动小团体。而此时的马克思，早已经表明要投身于反对专制王朝的现实斗争中，并把理论批判与政治斗争结合起来。随着他与马克思政治思想与阶级立场的不同，他们之间的友谊也结束了。之后，马克思转向了唯物主义和共产主义，而鲍威尔选择了相反的方向，走向了个人主义与无政府主义。

在《手稿》中，马克思主要是批判他们用表面的、形式主义和主观唯心主义的方法对待黑格尔的辩证法。青年黑格尔分子自认为，他们已经克服了黑格尔哲学，超越了黑格尔。实质上，他们抓住黑格尔哲学中保守、薄弱的方面和黑格尔哲学的某一范畴，而加以片面的发展和夸大来建立自己的哲学体系。在批判鲍威尔的《基督教真相》一书时，马克思引用了他的一句话，即"他们（法国唯物主义）还未能看到，宇宙的运动只有作为自我意识的运动，才能实际上成为自为的运动，从而达到同自身的统一"。马克思认为，他们只注意黑格尔的《逻辑学》，而没有注意到《精神现象学》，他们毫不批判地接受了黑格尔唯心主义的发展观，把绝对理论变成自我意识，把对意识的批判宣布是自己的任务，名曰"批判的批判"，而实际上，自我意识成为鲍威尔哲学的出发点与批判原则，鲍威尔的哲学成了自我意识的哲学。

更可气的是，他不仅没有关注到唯物主义及其实证的研究方法对于当代哲学批判的意义，还把黑格尔的客观唯心主义哲学，发展为主观唯心主义哲学。马克思说：他们"对于我们如何对待黑格尔辩证法这一表面上看来是形式的问题，而实际上是本质的问题，则完全缺乏认识。对于现代的批判同黑格尔哲学，特别是同辩证法的关系问题是如此缺乏认识，以致像施特劳斯和布鲁诺·鲍威尔这样的批判家——前者是完完全全地，后者在自己的《复类福音作者批判》中（与施特劳斯相反，他在这里用抽象的人的'自我意识'代替了'抽象的自然界'的实体），甚至在《基督教真相》中，至少有可能完全地——仍然拘泥于黑格尔逻辑学"。因而他们只能局限在黑格尔的逻辑学内，而不能看到唯物主义的伟大作用，只是把唯物主义的宇宙论贬低为一种意识的产物。

马克思指出，这些唯心主义者，特别在费尔巴哈的《未来哲学》等著作出版之后，他们更加信奉主观唯心主义并站在了反动的立场上。青年黑格尔派并没有跳出黑格尔唯心主义哲学的圈子，尤其指出，鲍威尔这些人自封为"纯粹的、坚决的、绝对的、洞察一切的批判"；批判他们用概念来概括真正的物质世界与历史运动之间的关系；批判他们自视甚高地把自己的批判与群众运动分离开，进而嘲笑群众的愚昧无知。所以，马克思说："在以批判的形式消逝着的唯心主义（青年黑格尔主义）作出这一切滑稽可笑的动作之后，这种唯心主义甚至丝毫没有暗示现在已经到了同自己的母亲即黑格尔辩证法批判地划清界限的时候，甚至也（丝毫）未能表明它对费尔巴哈辩证法的批判态度。"恩格斯也指出："就他们没有离开哲学这块土地来说，都是黑格尔哲学的分支。"这种哲学发展的结果是，青年黑格尔派逐渐陷入了保守。

在《手稿》中，马克思揭露了青年黑格尔派哲学的本质，并在《序言》中指出将在另外的地方对他们作专门的批判。马克思指出："同当代批判的神学家相反，我认为，本著作的最后一章，即对黑格尔的辩证法和整个哲学的剖析，是完全必要的。"因为"仔细考察起来，在运动之初曾是一个真正进步因素的神学的批判，归根到底不外是旧哲学，特别是黑格尔的超验性被歪曲为神学漫画的顶点和结果，……关于这个饶有兴味的历史的判决，……我将在另一个地方加以详细的论证"。这也就是后来马克思、恩格斯在《神圣家族》一书中所作出的批判。

第五节　对费尔巴哈哲学的评价

《手稿》中对费尔巴哈的人本主义哲学，给予较高的评价。马克思指出："只有从费尔巴哈才开始了实证的人道主义和自然主义的批判。……费尔巴哈著作是继黑格尔的《现象学》和《逻辑学》以后包含着真正理论革命的唯一著作。"

费尔巴哈在19世纪30年代末和40年代初，先后发表了《黑格尔哲学批判》（1839）、《基督教的本质》（1841）、《关于哲学改造的临时纲要》（1843）和《未来哲学原理》等著作。在上述著作中，他宣告与黑格尔哲学决裂，并转向人本主义。他发表了系统地反对宗教和论证人本主义的理论。

　　费尔巴哈是黑格尔的学生，是黑格尔哲学的信奉者。但他在走上社会不久就对黑格尔哲学产生了动摇，并力图超越这种哲学。最初使费尔巴哈产生疑问的是黑格尔的"绝对观念"决定万物从而产生万物的思想。因此，他对黑格尔哲学的超越首先表现在他对这种哲学唯心主义的揭露和批判上。费尔巴哈指出，黑格尔的思辨哲学主张的从抽象到具体、从理想到实在的进程，是一种颠倒的进程。只要将思辨哲学颠倒过来，就能得到毫无掩饰、纯粹的、明显的真理，即事物与其观念的真实关系。在黑格尔哲学那里，"绝对观念"成了一切事物和现象的主宰，这就如同宗教把上帝说成是万物的主宰一样。他揭露说："黑格尔哲学的逻辑学，是理性化和现代化了的神学，是化为逻辑学的神学。"他认为："哲学的关于存在物的知识。事物和本质是怎样的，就必须怎样来思想、来认识它们。这是哲学的最高规律、最高任务。"这就是恩格斯晚年所说的费尔巴哈直截了当地回复了唯物主义的王位。费尔巴哈不仅批判思辨哲学，而且批判了宗教，正是在这些批判中确立了他的人本主义。他提出哲学是为人的哲学，人的最高本质就是人自身。他反对有神宗教，主张建立一种无神宗教，即"爱"的宗教。

他认为对人来说人就是上帝，在实践上，最高的和最根本的规律，也就应当是人对人的爱。马克思深受费尔巴哈的影响，在他成为辩证唯物主义者和历史唯物主义者之前，费尔巴哈的唯物主义和人本主义是他批判黑格尔哲学的主要武器。

所以我们可以说，马克思真正走向共产主义是通过费尔巴哈对黑格尔哲学的克服而实现的。马克思对费尔巴哈的态度，同鲍威尔之流对费尔巴哈采取批驳与否定的态度，截然相反。马克思认为，青年黑格尔派分子施特劳斯和鲍威尔等人，虽然最先举起批判宗教的旗帜，但是不仅他们的观点和方法继续受黑格尔哲学的支配，而且还把黑格尔哲学加以肢解和庸俗化了。所以，马克思在《手稿》中，对费尔巴哈批判唯心主义、恢复唯物主义的权威的伟大功绩，作了充分的肯定。认为在德国批判黑格尔的哲学革命是从费尔巴哈开始的。对费尔巴哈批判唯心主义、恢复唯物主义"王位"的伟大功绩，马克思作了充分的肯定（或许有点过高）。马克思说："费尔巴哈是唯一对黑格尔辩证法采取严肃的、批判的态度的人；只有他在这个领域内作出了真正的发现，总之，他真正克服了旧哲学。费尔巴哈成就的伟大，以及他把这种成就贡献给世界时所表现的那种谦虚淳朴，同批判所持的相反的态度形成惊人的对照。"马克思在《手稿》的"序言"中还说："对国民经济学的批判，以及整个实证的批判，全靠费尔巴哈的发现给它打下真正的基础。"

费尔巴哈的伟大功绩是：（一）证明黑格尔哲学同宗教一样，不过是人的本质的异化的另一种形式；（二）把人与人之间的社会关系当作理论的基本原则，从而"创造了真正的唯物主义和现实的科学。"（三）把"基于自身并且积极地以自身为基础的肯定"，即物质世界同"自称是绝对的肯定的东西的那个否定的否定"，即绝对精神对立起来。费尔巴哈把黑格尔的否定的否定看作是在否定神学之后又肯定神学的哲学，但是，还应看到，黑格尔的否定的否定，是他为人的产生的活动、人的发生的历史的"那种历史的运动找到抽象的、逻辑的，思辨的表达"。

其一，费尔巴哈的首要功绩是，证明了黑格尔哲学同宗教一样，不过是人的本质的异化的另一种形式，揭示了黑格尔哲学的本质。

费尔巴哈在他的《基督教的本质》中说道："黑格尔式的

思辨只是宗教真理之彻底的完成而已"，揭露了唯心主义是宗教世界观的哲学基础，它们都认为抽象的、非感性的、无形的东西是第一性的，都是把人的观念变为独立的实体，并从人的观念中引申出整个具体的经验世界。说明唯心主义哲学同宗教在思想上的血缘关系，所以，黑格尔哲学同样应当受到否定和批判。

其二，把人与人之间的社会关系当作理论的基本原则，从而"创造了真正的唯物主义和现实的科学"。

马克思认为，费尔巴哈哲学的一个重大进步，就在于他把异化了的人的本质，又还原为人的本质。费尔巴哈提出了从"人和人之间的"关系来理解人，而坚决抛弃了那种从"上帝"、"绝对精神"来理解人、人的本质的唯心主义理论。这些观点都给马克思为创立自己的历史的辩证的唯物主义以启发。马克思这里所说的"真正的唯物主义"是指研究人们之间社会关系的唯物主义，是彻底的唯物主义；更明确地说，是认为费尔巴哈创立了由马克思本人正在创立的历史唯物主义。可见，马克思在这里显然是对费尔巴哈作了过高的评价。因为费尔巴哈所理解的人的社会关系，是脱离社会历史条件的、抽象的人与人之间的关系。或许正是由于这个原因，费尔巴哈尽管有不少唯物史观的观点，但终究没有也不可能创立历史唯物主义。而马克思此时之所以这样评价费尔巴哈，只能表明马克思自己此时关于人们的社会关系的看法，还不够成熟。

其三，把"基于自身并且积极地以自身为基础的肯定"，即物质世界同"自称是绝对的肯定的东西的那个否定的否定"，即绝对精神对立起来。

在黑格尔那里，一切真正的存在即绝对的肯定都要经过中介，经过证明的肯定，即否定之否定；但是作为最后结果的东西仍然不过是当作出发点的那个抽象物、空虚的精神。费尔巴哈认为，真正肯定的东西不是经过中介的东西，而是立足于自身之上，以自身为基础的肯定，即是一种具有感性确实性的东西。这就是说，费尔巴哈从唯物主义立场出发，同黑格尔唯心主义辩证法对立起来。

费尔巴哈把黑格尔的否定的否定看作是在否定神学之后又肯定神学的哲学，但是，他没看到黑格尔的否定的否定，是他为人的产生的活动、人的发生的历史的"那种历史的运动找到抽象的、逻辑的，思辨的表达"。关于费尔巴哈对黑格尔辩证法的解释，马克思作了这样的归纳："由此可见，费尔巴哈把否定的否定仅仅看作哲学同自身的矛盾，看作在否定神学（超验性等）之后又肯定神学的哲学，即同自身相对立而肯定神学的哲学。"

在这一论述中，马克思既肯定了费尔巴哈的功绩，即费尔巴哈说明了否定之否定在黑格尔那里，如何充当建立神秘体系的手段，又指明了费尔巴哈并没有理解黑格尔的否定之否定的全部含义，或者说，他不懂得黑格尔的辩证法，指出费尔巴哈只看到了黑格尔以否定之否定为框架的唯心主义哲学的消极面，只是从唯物主义和唯心主义对立的基础上来批判黑格尔哲学，没有把黑格尔的唯心主义体系和他的辩证法思想加以区别。这说明，费尔巴哈对客观事物的矛盾运动规律缺乏认识。

第六节　对黑格尔哲学的剖析

黑格尔生前是柏林大学教授，后又升为柏林大学校长。他的哲学在整个德国有很大的影响，甚至被推崇为普鲁士国家哲学。黑格尔哲学是客观唯心主义，其体系、形式是保守的，但就在这种保守的体系中却包含着丰富的辩证法思想。一方面，黑格尔在人类思想史上第一次把整个自然、历史和精神的世界描写为一个过程，认为它们处于不断的运动、变化和发展中，并企图揭示出这种运动和发展的内在联系；可另一方面，黑格尔又把自己的哲学构造成为一个封闭的体系，并宣称他自己的体系已经达到绝对真理，把当时普鲁士社会当作历史发展的顶点。这种体系和方法、前提和结论之间的矛盾，为黑格尔哲学的解体埋下了根源。黑格尔哲学的信奉者在黑格尔去世不久便分裂成了两大派别。那些政治上保守的、竭力维护封建和宗教统治的人，运用黑格尔哲学的体系为现存的政治制度和统治辩护，这些人便形成了老年黑格尔派；而那些具有激进民主主义思想的人，则利用黑格尔哲学中革命的思维方法和辩证法，去揭露和批判现存的政治制度和宗教，这些人形成了青年黑格尔派。

一、黑格尔哲学体系的唯心主义实质

黑格尔是德国古典哲学的完成者，是一个资产阶级哲学家，著名的客观唯心主义者。他集唯心主义之大成，综合了他那个时代的最高科学成就，形成了一个庞大而又严密的哲学体系。他是一位学识渊博的哲学家。他的哲学包括精神现象学、逻辑学、自然哲学、精神哲学。而精神哲学又分为历史哲学、法哲学、宗教哲学、哲学史和美学，等等。

黑格尔把整个世界当作"绝对观念"自我发展的辩证过程，它首先使自己外化为自然界，然后在精神中，即在思维和历史中再返回到自身。在黑格尔看来，真理包含在认识过程的本身之中，即包含在科学的长期的历史发展中，而科学的认识却是一个由低级阶段发展到高级阶段的过程。所以，黑格尔哲学的积极意义是他结束了那种认为人的思维和行动的一切结果具有最终性质，即永恒真理的看法。在《精神现象学》中，黑格尔在哲学史上第一次企图把认识过程看成是人的能动活动的过程，并对德国古典哲学家们提出的主体和客体的联系这一根本问题，作了详细的阐述。

马克思对黑格尔的哲学的分析是从他的《精神现象学》开始的，因为《精神现象学》阐明了黑格尔哲学体系的主体——阐述了人的意识，然后从低级的意识形态一步步上升，直到把握绝对知识，它不仅反映了个人意识的各个发展阶段，而且可以看作整个人类的意识所经过的历史的缩影；其中在叙述绝对观念异化的过程中，显示了他的唯心主义辩证法。它作为这个体系的导言阐述了黑格尔的体系和方法的基本原理，展现了整个黑格尔哲学体系的雏形，所以它是"黑格尔哲学的真正诞生地和秘密"。因而马克思选择了这部著作作为批判黑格尔哲学的开始。

二、黑格尔哲学体系的双重错误

马克思从总体上揭露了它的唯心主义实质，指出黑格尔的全部哲学从纯粹思辨的精神开始，到绝对知识结束，实际上是抽象的逻辑的思辨思维的生产史。马克思正是在揭露黑格尔哲学唯心主义本质的前提下，指出了他的双重错误。

第一个错误在于，黑格尔所讲的异化是抽象的哲学思维的异化。

异化在黑格尔哲学体系中，或者说在他的绝对观念的发展过程中，成为一个极其重要的环节。这种异化的主体是绝对精神，即自我意识，而且它只是在思想本身范围内表现出自在与自为之间、意识与自我意识之间、客体与主体之间的对立。在黑格尔看来，这种对立及其运动就形成其他一切对立及其运动的基础。其他一切对立及其运动不过是这种唯一有意义的对立的外观、外壳、公开形式，因此，人对异化对象的本质力量的占有，不过是在意识中，在纯思维中的占有。马克思的论述说明了在黑格尔那里一切都颠倒了。马克思在这里特别列举了财富、国家权力等，都只是纯粹的抽象的哲学思维的异化，这些都是从抽象思维中异化出来的。在黑格尔那里，"全部外化历史和外化的整个复归，不过是抽象的、绝对的思维的生产史，即逻辑的思辨的思维的生产史"。这样，就把人类社会的历史，歪曲为精神发展的过程。人类社会中的人的本质的异化及其扬弃，统统变成了精神领域之内的演变过程，并不能给现实批判带来多少实质性的益处。因此，黑格尔哲学虽然具有一个批判和扬弃的外表，而实际上这种批判和扬弃丝毫不会触动现实社会中私有制的一根毫毛。

第二个错误在于，对人的本质力量的占有或对这一过程的理解是唯心主义的。

黑格尔唯心主义地认为，意识对象就是自我意识，而自我意识又与人（主体）等同。因此，人本质的一切异化都不过是自我意识的异化。他不了解自我意识的异化就是人的本质的现实异化的表现。所以，在黑格尔看来，掌握了自己本质的人，仅仅是掌握了对象性本质的自我意识。从而，对象返回到自我就是对象的重新占有。他把自然界的人性和历史创造的自然界的人性，统统看作精神的产物。因为在他看来，只有精神才是人的真正本质，而精神的形式是能思维的精神，逻辑的、思辨的精神，因而人类的历史是抽象精神的产物，所以，在这个限度内是精神的环节即思想本质。

三、黑格尔哲学中的合理因素

首先，黑格尔的伟大成就首先在于：黑格尔把人的自我产生看作一个过程，把对象化看作失去对象，看作外化和这种外化的扬弃。

这肯定了黑格尔辩证法的观点。黑格尔在《精神现象学》表达了这样的辩证法思想，它把人类社会看作是一个发展过程，这个发展过程不需要上帝和神来推动，而是人类社会自我发展的过程；他把这个人的自我产生的过程，看作是一个对象化过程，即人们改造自然界的劳动活动过程。黑格尔还把人类自我发展过程，看作是一个人们通过自己的劳动的不断外化和外化扬弃的辩证发展过程。马克思从总体上肯定了黑格尔的辩证法，肯定了他把人的本质看作是异化和扬弃的发展过程。

其次，黑格尔抓住了劳动的本质，把对象性的人、现实的因而是真正的人理解为他自己的劳动的结果。

"黑格尔站在现代国民经济学家的立场上。他把劳动看作人的本质，看作人的自我确证的本质；他只看到劳动的积极方面，而没有看到它的消极方面。劳动是人在外化范围内或者作为外化的人的自为的生成。黑格尔唯一知道并承认的劳动是抽象的精神劳动。因此，黑格尔把一般说来构成哲学的本质的那个东西，即知道自身的人的外化或者思考自身的、外化的科学看成劳动的本质。"

因而，马克思肯定了他抓住了劳动的本质，把对象性的人、现实的因而是真正的人理解为他自己的劳动的结果。但应指出的是，他只看到劳动的、积极的方面，而没有看到它的消极的方面。他唯一知道并承认的劳动是抽象的精神的劳动。与黑格尔相反，马克思辩证唯物地看待劳动。马克思把劳动看作是客观的物质活动，是改造自然同时又改变人自身的实践活动。马克思不仅看到了劳动创造价值、肯定自身的积极方面，而且看到了在现实社会中劳动给劳动者带来屈辱和痛苦的异化的现实。这在他所创造的异化劳动范畴中得到充分的反映。

最后，马克思对《精神现象学》中的内容给予了公正的评价，他指出：一方面《现象学》是一种隐蔽的、自身还不清楚的、被神秘化的批判；但是，另一方面它又"紧紧抓住人的异化——尽管人只是以精神的形式出现的——其中仍然隐藏着批判的一切要素，而且这些要素往往已经以远远超过黑格尔观点的方式准备好和加过工了"。例如，要求把对象世界归还给人。从而宗教、财富等不过是人的对象化的异化的现实。因而，宗教、财富等不过是通向真正人的现实的道路。可见，黑格尔对宗教、国家、市民生活的描述包含着批判的因素，但它通过了异化的形式。因此，在《精神现象学》中出现的异化的各种不同形式，不过是意识和自我意识的不同形式罢了。

四、对《精神现象学》最后一章绝对知识的剖析

（一）对黑格尔把人等同于自我意识观点的分析批判

《精神现象学》的最后一章的主要之点是，意识的对象无非就是自我意识，或者说对象不过是对象的自我意识、作为对象的自我意识，从而把人和自我意识等同起来。其错误首先表现在，人被看成非对象性的、唯灵论的存在物。其次，人被看成是自我意识的质，而不是自我意识是人的自然界即人的眼睛等等的质。再次，颠倒了现实异化和自我意识异化的关系。人的本质的一切异化都被归结为自我意识的异化。因此，对异化的、对象性的本质的重新占有。只表现为这种本质合并于自我意识；掌握了自己本质的人，仅仅是掌握了对象性本质的自我意识。

（二）对黑格尔"自我意识的外化设定物性"观点的分析批判

一个有生命的、自然的、具备并赋有对象性的即物质的本质力量的存在，既拥有他本质的现实的、自然的对象，他的自

我外化又设定一个现实的、但以外在性的形式表现出来的因而不从属于他的本质并凌驾其上的对象世界，这是十分自然的。这里没有什么不可捉摸的和神秘莫测的东西。但黑格尔讲的"自我意识"通过自己的外化所设定的只是物性，即抽象物，抽象的物，而不是现实的物。这种情况是神秘莫测的。同样很明显的是，物性对自我意识说来绝不是什么独立的、实质的东西，而只是纯粹的创造物，是自我意识所设定的东西。

（三）对主体与客体关系的论述

现实的人通过自己外化把自己现实的、对象性的本质力量设定为异己的对象时，这种设定并不是主体，而是对象性的活动。人之所以能够创造或设定对象，只是因为它本身是被对象所设定的，因为它本身就是自然界。因此，人创造对象不是"纯粹的活动"即精神的活动；它的对象性的产物仅仅证实了它的对象性活动，它的活动是对象性的、自然存在物的活动。"人直接地是自然存在物"。人作为自然存在物，而且作为有生命的自然存在物，一方面具有自然力、生命力，是能动的自然存在物；另一方面，人作为自然的、肉体的、感性的、对象性的存在，和动物一样，是受动的、受制约的和受限制的存在物，也就是说，他的欲望的对象是作为不依赖于他的对象而存在于他之外的。一个存在物如果在自身之外没有自己的自然界，就不是自然存在物，就不能参加自然界的生活。一个存在物如果在自身之外没有对象，就不是对象性的存在物。一个存在物如果本身不是第三者的对象，就没有任何存在物作为自己的对象，也就是说，它没有对象性关系，它的存在就不是对象性的存在。非对象性的存在物是非存在物。因为，非对象性的存在物，是一种非现实的、非感性的，只是思想上的，即只是虚构出来的存在物，是抽象的东西。人不仅仅是自然存在物，而且是人的自然存在物，人是为自身而存在着的存在物，因而是类存在物。人这种自然存在物和其他的自然的存在物不同，它是社会的存在物。自然界不是直接地同人的存在物相适应的。人必须通过社会实践，自然界、对象通过人的改造，才能成为人的对象，成为人的自然界。人的感觉也是在社会实践中产生的。正像一切自然界必须产生一样，人也有自己的产生活动，即历史。但人的"历史是在人的意识中反映出来，因而它作为产生活动是一种有意识地扬弃自身的产生活动，历史是人的真正的自然史。"即它是一种社会的、实践活动过程。

（四）对黑格尔自我意识外化的扬弃即否定的否定的分析批判

在黑格尔那里，否定的否定不是通过否定假象本质来确定真正的本质，而是通过否定假象本质来确定假象本质。否定的否定就是否定作为在人之外的、不依赖于人的、对象性本质的这种假象本质，并使它转化为主体。黑格尔的扬弃起着一种特殊的作用，扬弃是思想上的扬弃，在现实中没有触动自己的对象，却以为已经实际上克服了自己的对象。黑格尔的否定的否定的辩证法是既和客观世界的现实相矛盾，也和实证科学相矛盾，信奉宗教的人可以在黑格尔那里找到自己的最后的确证。

（五）对黑格尔辩证法合理思想的剖析

扬弃是黑格尔辩证法的积极的环节，它同形而上学绝对的否定相反，包含着肯定旧事物中的积极因素，并使之与新事物结合起来。这种异化的扬弃的理论，主张在异化的范围内通过扬弃对象性的异化来占有对象性的本质，主张人通过消灭物的世界的异化存在而现实地占有自己的对象性本质。这里包含着批判的革命的要素。马克思在肯定黑格尔辩证法的积极的环节时，强调指出，黑格尔把主客观的关系颠倒了，并在剖析的过程中把辩证法与唯物主义初步地结合了起来，并通过这种结合对社会历史现象进行了研究。可以说，此时历史唯物主义思想开始确实起来。马克思认为，否定之否定（扬弃）是一种既克服又保留、批判的继承、前进上升的运动。马克思说："无神论、共产主义绝不是人所创造的对象世界的即人的采取对象形式的本质力量的消逝、抽象和丧失，绝不是返回到违反自然的、不发达的简单状态去的贫困。"这种人类历史的否定之否定（扬弃），是通过人们的劳动活动实现的。

由此，马克思在评述黑格尔的贡献时说，"黑格尔的《现象学》及其最后成果——作为推动原则和创造原则的否定性的辩证法——的伟大之处在于，黑格尔把人的自我产生看作一个过程，把对象化看作失去对象，看作外化和这种外化的扬弃；因而，他抓住了劳动的本质，把对象性的人、现实的因而是真正的人理解为他自己的劳动的结果"。因此，人同类存在物发生的现象的、能动的关系，只有通过下述途径才是可能的：人实际上把自己的类的力量统统发挥出来，并且把它当作对象来对待，而这首先又只有通过异化形式才有可能。黑格尔就是借助于"异化"、"外化"以及异化的"扬弃"这些范畴用唯心主义的思辨方式描述抽象的理论思维发展过程的。

综上所述，黑格尔的客观唯心主义体系尽管是保守的、有缺陷的，但它却具有积极的合理因素。黑格尔的发展观、历史观、辩证法和异化论，对马克思主义哲学和经济学的形成提供了宝贵的材料和重要的思想来源。

第四章 《1844年经济学哲学手稿》的地位、价值及其评价

第一节 《1844年经济学哲学手稿》的历史地位

《手稿》在马克思主义理论中占有极为重要的地位，它被认为是"马克思主义形成的真正诞生地和秘密"。学界普遍承认《手稿》是创立马克思主义科学理论体系的起点，是实现人类思想史上伟大革命变革的开端。正是由于《手稿》作为马克思主义形成的决定性时期的作品，具有继往开来的意义，所以引起马克思主义理论的研究者们对它的强烈关注。

《手稿》的意义就在于，它改变了由英国古典政治经济学、德国古典哲学和法国空想社会主义所表现的三者分离状态，试图把政治经济学、哲学、科学社会主义学说结合在一

起，形成一个相互论证、相互补充的整体。在《手稿》中，马克思第一次从经济上论证共产主义必然要代替资本主义的伟大尝试；马克思第一次在研究资本主义社会经济运动的规律中，把唯物主义和辩证法结合起来；同时也是马克思第一部由哲学转向研究政治经济学的成果著作。总之，马克思以对资本主义社会的研究作为基础，在初步阐发他的新世界观基本特征的前提下，第一次从哲学、经济学、社会主义学说三个方面有机地结合起来，进行了探讨、批判和论证，系统地、完整地阐明了自己的理论构架。这是无产阶级的伟大革命家、思想家马克思站在无产阶级的革命立场上，沿着新唯物主义路线，在剖析资本主义制度，批判资产阶级经济学说中，自觉创立无产阶级科学理论体系的开端，是在人类思想发展史上实现伟大革命变革的开端。

尽管《手稿》不是一部完全成熟的著作，但是把《手稿》放在整个历史过程中来考察，无论它的成熟和不成熟之处，对于说明马克思的思想发展都是重要的。我们不能因为它的不成熟之处，而贬低它的意义。任何人的思想都不是一蹴而就的，同样马克思的成熟思想不是一次完成的；他的哲学思想、经济学思想、科学社会主义思想发展也是不平衡的。尽管在马克思以后的理论和方法上摒弃或彻底改造了《手稿》中的某些观点，但包含了《手稿》已经取得成就，是沿着《手稿》开辟的从生产劳动中寻找历史根源的方向前进的。尤其是这部著作里面的对异化劳动概念的规定及其阐述，更是反映了当时马克思的思想蕴涵，以及所达到的理论水平的历史高度。

所以，《手稿》是马克思主义理论形成过程中的一部关键性的文献，它是马克思思想发生重大转变的标志性著作之一。尤其是其中的异化劳动理论，在马克思以后的研究中以各种形式融入到马克思主义经济学政治学、哲学等不同学科之中，从而成为马克思自己对哲学、政治经济学，以及共产主义等进行考察的基本的理论上的依据。因此，有学者还把异化劳动理论看成是一把解开历史之谜的钥匙。因为离开了《手稿》和异化劳动的理论，我们是无法理解马克思如何创立唯物史观的。

第二节 《1844年经济学哲学手稿》的当代价值

自1932年《手稿》公开发表以来，在国际思想理论界掀起了手稿热，时至今日，这股热潮仍方兴未艾。研究它的人不仅有政治家、革命家，也有很多学者，包括经济学界、哲学界、美学界、文艺学界等，甚至还形成了不同的学派。这种情况大概在人类文化史上都是罕见的。马克思和恩格斯所创立的共产主义学说，尽管遭遇过困难和曲折，但它仍然是影响当今世界命运的重要理论，他对人类命运的方向性把握使得各国学者都不能忽视它的存在，使得它成为世界显学。例如，20世纪80年代中期，美国诺克斯维尔田纳西大学的罗伯特·戈尔曼编纂了两部书：一部是《马克思主义传记词典》，收入的是"被称为唯物主义者的思想家"，包括"第三世界的许多马克思主义者"；另一部《新马克思主义传记词典》收入的是所谓"非唯物主义的马克思主义者"。后者是由来自六大洲的70多位学者花费近三年的时间编写出来的，里面介绍和评述了205位"新马克思主义"代表人物的生平、著作和思想，另外还考察了奥地利马克思主义等十个流派的演变和发展。其中所收入的"马克思主义者"，其观点自然也是形形色色的。但是，无论如何，我们总可以从中看出马克思主义作为当今世界显学的影响和地位。而形成这种显学地位的一个重要原因，是与《手稿》

分不开的。

随着科学技术的发展和时代的进步，人类对于自然、对于社会历史、对于人的思维本身的认识都在日益深化，并且在新的探索中提出了种种新的学说、新的思想和新的观念。作为与时俱进的马克思主义理论体系，应该把新情况、新问题纳入我们的视野，研究和吸收一切有价值的东西，以完善自己的理论，这对于发展马克思主义无疑是十分必要的。这就要求我们能全面准确地把握马克思主义的基本精神，破除对马克思主义教条式的理解，所以研究《手稿》对于我们把马克思主义推向前进有特别重要的意义。

第一，作为马克思主义的"诞生地和秘密"的《手稿》，认真研究它的思想内容可以深刻地理解马克思主义形成的历史，了解马克思思想发生转变的历程，提高我们对于马克思主义科学性的认识，有助于真正我们掌握马克思主义的精髓。

第二，有助于我们正确对待关于马克思主义理论的不同学说中有价值的成分，有助于真正把握马克思主义。例如费尔巴哈、赫斯、施蒂纳、马尔库塞、弗洛姆、萨特等，他们的思想中除了背离马克思主义的错误观点之外，也都还存在着值得我们吸取的有益成分——这些是我们思想禁锢条件下无法发现的，因而，都需要我们与时俱进，在新的条件下认真加以清理和扬弃。

第三，《手稿》对我国构建和谐社会有现实启示及其理论指导作用。

我国自从实行改革开放以来，生产力得到了相当快速的发展，社会的物质财富和精神财富达到空前的历史水平，人们的物质生活条件得到了很大的改善。在这种社会前提下，人们对精神文化以及人的自由全面发展的追求越来越凸出。因此，我们国家顺应时代的潮流以及广大人民的要求提出了构建和谐社会的理想。但是，我们毕竟还处于社会主义发展的初级阶段。生产力相对落后，与发达国家仍有一定的距离；在经济体制中我们实行的是以公有制为主其他所有制为辅的混合型经济，产品的分配方式仍然是以按劳分配为主的形式，即在现有阶段，我国人民仍然主要还是以劳动为谋生手段；另外我们还有部分人受传统文化不良方面的影响，社会认识和思想觉悟都有待提高。这样，我们在社会主义建设过程中，由于受现实社会的经济因素，以及社会历史传统意识等因素的影响，社会中出现了很多不符合我们建设和谐社会的现象，比如金钱至上、道德伦理涣散、人生观价值观片面发展、自然环境及自然资源严重破坏，这些现象都是与我们社会主义本质不相和谐的。如何做到人与人、人与社会、人与自然，以及人自身等多重关系的和谐统一，是需要我们思考的。所以对《手稿》再次研读，这不仅在新的社会条件下对我们理解马克思主义有帮助，更重要的是对我们现实的启迪意义。

第三节 《1844年经济学哲学手稿》的评价

一、《1844年经济学哲学手稿》的简要评述

《手稿》是马克思主义形成过程中的一部具有转折意义的重要著作，是马克思由哲学批判转向经济学研究所取得的最初理论成果。它第一次把哲学、政治经济学和共产主义联结起来，提出了马克思主义理论体系的雏形，标志着马克思自觉创立马克思主义的开始。过去通常突出它的不成熟性，而忽略了

它所具有的重要理论价值。在某种意义上可以说它是马克思主义理论的"真正诞生地和秘密"。

（一）《1844年经济学哲学手稿》是马克思在巴黎时期研究经济学的理论结晶，为创立马克思主义政治经济学奠定了初步基础

《手稿》集中反映了马克思在巴黎时期研究经济学所取得的理论成果。在这里，马克思站在无产阶级立场上，对资产阶级政治经济学进行了批判性地考察，分析了资产阶级政治经济学的理论观点及其内在矛盾，并揭露了它的阶级局限性和主观主义形而上学的方法。马克思深刻指出资产阶级经济学是"资本家的科学自白"，它虽然"从私有财产的事实出发，但是，它没有给我们说明这个事实"，它虽然肯定劳动是财富的唯一本质，却没有给劳动者提供任何东西，而是给私有财产提供了一切。资产阶级经济学家所表述的不是人的劳动的规律，而是资本主义的异化劳动的规律。它不是从私有财产的现实的运动中探求它的发展规律，而是从虚构的原始状态出发，以抽象的公式去衡量现实的运动，然后把这些公式当作规律。马克思对资产阶级政治经济学的分析批判，表明他已抓住了资产阶级政治经济学的实质和要害，找到了克服资产阶级政治经济学的途径和建立科学的政治经济学的方向。

《手稿》对资本主义生产方式作出了初步的、科学的说明。马克思通过对资本主义所有制的分析，初步地揭示了资本主义的经济结构和规律，特别是揭示了资本主义社会的"异化劳动"的性质，为后来揭示资本主义雇佣劳动的本质，创立剩余价值论奠定了基础。在对工资、资本、利润、地租、分工、需要、货币等问题的分析评述中，提出了许多有价值的见解。《手稿》通过对资本主义的矛盾的分析，指明了资本主义社会的过渡性质，为共产主义提供了初步的理论依据。

《手稿》提出了创立科学的政治经济学的任务与方法，是马克思自觉创立科学的政治经济学的重要起点。在这里，已把正在形成中的唯物的、辩证的方法和历史唯物主义观点应用于政治经济学的研究，取得了有价值的成果。由于《手稿》是马克思研究政治经济学的最初成果，其中表现出的不成熟性也是明显的，此时尚没有把劳动与劳动力严格区别开来，对劳动价值论还持有保留态度。但它已包含了科学政治经济学的萌芽，预示着与资产阶级政治经济学根本不同的无产阶级政治经济学必将诞生。

（二）《1844年经济学哲学手稿》是马克思第一次对黑格尔哲学进行的全面性批判，它为实现哲学的变革迈出了关键一步

《手稿》是马克思继《黑格尔法哲学批判》之后，在取得政治经济学研究成果基础上，对黑格尔哲学进行的全面性批判。这种全面性主要表现在，它是对黑格尔哲学体系的批判。它以黑格尔《哲学全书》和作为黑格尔哲学的"真正诞生地和秘密"的《精神现象学》为对象，全面地分析批判了黑格尔哲学体系的唯心主义实质，揭露了黑格尔哲学理论的内在矛盾及其保守的性质。马克思指出，"整整一部《哲学全书》不过是哲学精神的展开的本质，是哲学精神的自我对象化；而哲学精神不过是在它的自我异化内部通过思考理解，即抽象地理解自身的、异化的世界精神"，其哲学体系的错误实质就在于把"主词和宾词之间的关系"绝对地相互颠倒了，即把物质与精神的关系颠倒了，在黑格尔那里主体是精神，"所谓外化和外化的复归，不过是在精神自身内部的、纯粹的、不停息旋转"，它只具有批判的外观，实际上是保守的，在黑格尔哲学中加以扬弃的存在，并不是现实的存在，这种思想上的扬弃，在现实中一点没有触动自己的对象。

批判的全面性还表现在，马克思不仅指出黑格尔哲学的唯心主义性质，同时指明了黑格尔哲学所具有的积极因素，这就是作为推动原则和创造原则的辩证法；肯定了黑格尔关于异化和异化扬弃思想的积极意义，即黑格尔把人看作是自我产生的过程，把劳动看作是人的本质，是人的本质对象化过程，但同时指出，黑格尔"唯一知道并承认的劳动是抽象的精神的劳动"。

马克思在《手稿》中，通过对黑格尔哲学的批判和对共产主义的论述，阐发了一系列认识论、辩证法和历史唯物主义的深刻见解。他具体地揭示了主体与客体的关系，人作为主体的主体性的本质。在《手稿》中提出的关于劳动是人的本质的思想，社会历史是人通过劳动的自我生成过程的思想，关于物质生产决定精神生产的思想，关于人的生产和动物的生产的区别的思想，关于人的实践对认识的决定作用思想，等等，表明马克思已克服了费尔巴哈哲学的直观性，而向辩证唯物主义和历史唯物主义迈出了关键性的具有决定意义的一步。在这里，唯物主义与辩证法已初步地结合起来，已抓住了新世界观的实质，已接近达到了对社会历史的本质的认识。而且这里所包括的深刻思想，是后来著作中所少见的。

《手稿》第一次对费尔巴哈哲学作出比较全面的评价。马克思这里充分地肯定了费尔巴哈从唯物主义出发批判黑格尔哲学的伟大功绩；同时也指出了他对黑格尔哲学包含的合理因素的忽视。但应该说，马克思在这里虽然实际上已突破了费尔巴哈哲学的局限性，但在认识上尚没有达到自觉，表现出对费尔巴哈的过高评价，并用费尔巴哈的概念表达他的新思想。

《手稿》清楚地展现出了马克思主义哲学同黑格尔哲学和费尔巴哈哲学的批判继承关系，以及马克思克服旧哲学创立新哲学的实际过程。这是《手稿》一个突出的特点，也是它的一个重要的理论价值。

（三）《1844年经济学哲学手稿》第一次从经济出发论证共产主义，为创立科学社会主义理论体系迈出了重要一步

写作《手稿》以前，马克思对共产主义问题已有所触及和论述，在《德法年鉴》上发表的文章，提出了"人类解放的"问题，并指出无产阶级是这一解放的物质力量。但是，当时马克思尚没有使用"共产主义"，或"社会主义"

术语，更没有把共产主义建立在对资本主义经济分析的基础上，而是用"人本身是人的最高本质"作为理论根据的，尚具有较深的人本主义的烙印。而《手稿》对共产主义的论述，不仅比过去系统了，而且建立在新的基础之上，即建立在对资本主义社会的经济分析和阶级分析之上，是从经济的发展过程出发，得出共产主义结论的，其中特别是借助于对"异化劳动"的分析而展开的。马克思认为，共产主义代替资本主义，正像资本主义代替封建制度一样，是社会历史发展的必然规律，他对共产主义的基本特征作了概括，并指明了实现共产主义的道路。他对空想的社会主义、共产主义把消灭私有财产简单地理解为对物的占有、享有，而主张平均分配财产的错误，进行了有意义的批判。马克思在这里特别强调共产主义是消灭"异化劳动"，达到对人自身的本质的占有。这里对共产主义的论述，虽然仍然带有一定人道主义和思辨的色彩，但就其基本精神讲应该说已具有了科学的性质。应指出，《手稿》中所讲的共产主义不是人类所达到的目标和一种社会形态，而是把它看作是扬弃异化、扬弃私有制的一个环节。《手稿》关于实现共产主义的客观条件与道路的论述，关于对空想社会主义，空想共产主义的批判，在今天看来也仍然是正确的、有价值的。

（四）"异化劳动"理论是《1844年经济学哲学手稿》中的重要理论成果，是马克思创立马克思主义过程中的一个重要的中介环节

"异化劳动"概念是马克思研究资本主义经济，批判继承传统异化理论，特别是直接批判继承费尔巴哈和黑格尔的异化观而提出的一个重要概念，也是马克思自己异化思想发展的必然结果。异化劳动概念既克服了黑格尔异化观的唯心主义性质，又克服了费尔巴哈异化观的人本主义局限，它从资本主义雇佣劳动事实出发，揭示了雇佣劳动本身的异化本质。在异化劳动概念中，异化的主体没有归结为黑格尔的自我意识，也没有归结为费尔巴哈的抽象的人，而是归结为人的劳动。同时，这个概念又保留了黑格尔异化观的合理因素，把异化归结为一种主体对象化的表现；继承了费尔巴哈的人本主义的合理之处，即把异化的主体归结为人。因而，异化劳动概念既不是一个唯心主义的概念，也不是人本主义的概念，而是高于前者之上的属于历史唯物主义性质的概念。它虽然不是对资本主义社会雇佣劳动的深刻本质的揭示，但它在一定层次上反映了雇佣劳动的本质，或者说它是对资本主义雇佣劳动本质的一级本质的认识，已大大超越了资产阶级政治经济学。异化劳动的重要理论意义不仅在于对资本主义雇佣劳动的认识上，而且在于它抓住了人的劳动的本质，揭示了人的主体的本质，并从物质性异化与思想性异化的关系中，揭示了劳动生产在社会发展中的基础作用、根源作用；还在于它为人们正确理解主体与客体的辩证关系提供了重要前提，看到人作为主体的能动的本质，从而把唯物主义与辩证法统一起来，在主体与客体关系上既克服了唯心主义的错误，又避免了旧唯物主义的形而上学性与直观性。因而异化劳动的提出，就为马克思解决全部哲学问题，特别是把唯物主义原则贯彻到底、达到辩证唯物主义和历史唯物主义的高度奠定了基础，这是马克思创立新的哲学体系的一个重要中介环节。

异化劳动概念的提出，是马克思思想发展的一个重要历史阶段。不可否认的是，《手稿》中异化劳动概念在内容上还包含着费尔巴哈人本主义杂质，主要表现为把异化劳动不科学地归结为人与人的类本质的异化。但是，对此也应加以具体的分析。由于马克思同费尔巴哈不同，他不是把人看作抽象的、生物意义上的共同性，而是认为人的本质是劳动，是自由自觉的活动，因而马克思所讲的人与人的类本质相异化是不同于费尔巴哈的人本主义异化观的。

《手稿》中对异化劳动与私有制的关系尚没有作出透彻的说明，对异化劳动的深刻的根源也阐述得不充分。这些缺陷的存在，正表现了异化劳动概念的局限性，即尚未在更深层次上揭示社会发展的根源。这些不足很快得到了解决，他在《德意志意识形态》中已经基本上回答了异化劳动的根源问题。随着历史唯物主义的创立，在后来的著作中马克思便不再用异化劳动作为理解社会问题的最后根据了。但是，由此不能认为，异化劳动概念不是一个科学的概念，或者不是马克思主义概念。因为异化劳动在一定层次上反映了资本主义雇佣劳动的本质，因而有其一定的认识价值。把异化概念只看作过渡性概念，否定它具有科学性；或者否认它的局限性，把它看作是马克思思想的本质所在，用异化劳动说明一切，都是不正确的。

二、国内外学者关于《1844年经济学哲学手稿》的评价

对于《手稿》的研究热度延续至今，关于《手稿》的评价学者们也都作了不同程度的总结，其中冯颜利先生对于国内外学者的评价总结得较为详尽，为我们提供了很好的参考。

（一）国外学者对《1844年经济学哲学手稿》的评价

1932年，《马克思恩格斯全集》第一部分第三卷首次以德文原文发表了全部手稿。手稿的全文发表立即引起了学者们的关注，形成了一股研究热潮。总的来看，国外学者对《手稿》的评价大体有三种态度。

第一种观点认为，《手稿》是马克思思想发展的顶峰。

持这种观点的学者大都赞成对马克思主义的人道主义阐释。朗兹胡特和迈尔认为，《手稿》是马克思的中心著作，异化是历史唯物主义的核心概念。"自我异化是正在发生的历史的现实的、物质的过程的人的结果。既有这种自我异化，也就一定有扬弃它的现实条件，就是说，自我异化的条件本身必须同时是人的自我实现的条件。人类历史的现实的、物质的过程

本身就是人的自由的形成。这就是所谓'唯物主义历史观'的真正核心"。并且提出异化思想是马克思在费尔巴哈和黑格尔哲学那里获得启示并把它提出来，更重要的是在他以后的整个余生的精力都集中于"指出那些使观念和现实的矛盾得到解决的既存的现实力量"。

德曼认为，《手稿》对重新理解马克思的思想发展史具有决定性的意义，它是马克思成就的高峰，它清楚地揭示了隐藏在马克思社会主义信念背后的人道主义动机。他说《手稿》这部著作"比马克思的其他任何著作都更清楚得多地揭示了隐藏在他的社会主义信念背后，隐藏在他一生的全部科学创作的价值判断背后的伦理的、人道主义的动机"。他认为："这里谈的不是资产阶级的社会哲学的由机械技术力量保证的'进步'，而是一种发生史，一种创造行动，它的意义在达到目的时才能实现。在这里基本的、持续不断的、人的动力并不是经济利益——这种利益只是私有制下作为非人化的形式占统治地位——而是生活需要，人只有通过人才能满足这种需要，它的最完美的表现就是人对人的爱。"因此，他认为这种动机是人道主义的而不是经济学的。

弗洛姆认为，现实的个人的存在问题是《手稿》的核心问题，它与《资本论》中表达的思想并没有根本的不同。

他认为马克思所认为人的本性和许多社会学家和心理学家不同，马克思认为"人一生下来就是一张白纸，在这张白纸上，文化教养写下自己的内容"。他认为马克思正是从这一思想出发得出："人作为人是可认识的和可确证的存在物，人作为人不但在生物学上、解剖学上和生理学上是可赋予定义的，而且在心理学上也是可赋予定义的"，而且指出马克思对资本主义批判最有意义的地方，不是批判财富的不公正分配，而是劳动被歪曲成强制的、异化的、没有意义的劳动。也就是说，异化是对人的生产性潜能的否定。劳动本应该是自我表现的一种方式，但是在异化的情况下，劳动变成了统治人的异己的力量，因为人们"在自己的劳动中不是肯定自己，而是否定自己，不是感到幸福，而是感到不幸，不是自由地发挥自己的体力和智力，而是使自己的肉体受折磨、精神遭摧残"。

马尔库塞强调，《手稿》中的"劳动"、"物化"、"私有财产"等范畴已经超出了经济学的范围，深入到把总体的人的存在作为研究课题的领域，成为历史唯物主义的基础。

值得注意的是，马尔库塞在他自己的研究中发现，马克思在《手稿》中所讲的工人与资本家之间的矛盾，随着产品的极大丰富而逐渐地弱化甚至消失了。这是由于社会财富是增加，产品的极大丰富，资本主义要攫取更多的利润就不得不扩张自己的版图，本国的空间已经远远不能满足资产阶级的需要，从而开始向本国之外扩张，这样就缓解了本国工人阶级和资本家阶级的矛盾，并出现工人阶级和资本家阶级出现了同化的趋势，工人阶级和资本家阶级逐渐地融为一体。这种趋势使得工人阶级失去了反抗的动力，他们的革命动力不存在了，转变成了肯定资本主义社会的一种力量。马尔库塞正是从意识形态的异化、科学技术的异化、人的异化等方面，对现代工业文明的消极影响进行了深刻的反思和批判，试图从西方社会高度富裕和高度自由的外表揭示出它对个人的统治和压抑。

弗兰尼茨基认为，《手稿》中关于世界和人的观点已经成熟，虽然某些明确的论断还没有提出来，但是考察这个根本问题的基础和范围已经奠定，以后的著作只是说明。他说"马克思是这部手稿最清楚不过地告诉我们，一种新的天才的关于世界和人的观点已经成熟了。虽然某些明确的论断还没有提出来，但是考察这个根本问题的基础和范围已经牢固地奠定了。以后的著作只是说明，面临的主要任务就是：彻底遵循这些基本思想，把握整个人类的历史存在，更精确地表述各种结论"。

塔克尔认为，《手稿》中阐述的哲学共产主义才是原本的马克思主义，它的核心主题是"自我异化的人"。

卢卡奇认为，《手稿》的发表是马克思明确地宣布了自己的新世界观，马克思在以后的研究就是在哲学、经济学和历史领域努力建立和加深这个世界观。特别值得注意的是，西方马克思主义者卢卡奇相对于其他的马克思主义学者来说是最早对异化理论进行研究的。在1923年出版的他的《历史与阶级意识》一书中就对"物化"进行了描述（在卢卡奇看来这里的"物化"与"异化"几乎可以等同使用），用这一概念对资本主义的社会关系和本质特征进行了批判。卢卡奇认为："无产阶级作为资本主义的产物，必然隶属于它的创造者的生存模式。这一生存模式就是非人性和物化。"于是，物化就成了资本主义社会的普遍特征。进而卢卡奇认为："人自己的活动，他自己的劳动，成为客观的、独立于自己的某种东西。"物化导致了人不能控制的物的世界，市场关系就是这种物的关系最好体现；而人自己的活动反过来受这种物的商品关系的控制，成为奴役劳动者。卢卡奇认为这种物化现象已经成为人们不能逃离的社会现实。在这一世界中所有人与人之间的关系都变成了物与物之间的关系，人所创造的这种关系是与自身相对立的。同时，他还强调由于物化，使得人变得被动，人们逐渐丧失了对理想的追求和对未来的憧憬，使得人们成了机器，失去了创造力。

对于物化现象，卢卡奇提出了自己的解决方法。他认为，要克服无产阶级的异化状况，就要唤醒他们的主动性，通过主体的觉醒来让他们对总体性产生一种渴望。有了总体性和主体性，人们就能够生活的更有意义。至于什么是总体性，卢卡奇认为，它实质上就是一种领导权。无产阶级要克服物化意识，改造资本主义社会，就必须去获得领导权，唤起自己的主动性。

第二种观点认为，《手稿》是一部过渡性的著作，虽然里面含有一些历史唯物主义的思想因素，但整体上还带有费尔巴哈的人本主义痕迹。

博蒂热利认为，《手稿》本质上是一部过渡性的著作，虽然马克思已经认识到了社会形态的历史性，并且把无产阶级与资产阶级的对立看成是历史进化的结果，但这种观点是从黑格尔出发的抽象的哲学推理的结果，还没有发现生产力与生产关系矛盾运动的规律。他说："1844年马克思的思想与它的最终形式相差还很远，《手稿》不是已经完成了的思想的体现，而是弄清那些在许多方面正处于摸索阶段的思想的见证"，"是一部在许多方面已形成了的思想力求达到自我澄清的著作"。

科尔纽认为，在《手稿》中，马克思把思维和存在、人和外在世界的统一看作是具体实践的结果，并力图从经济发展中去寻求社会变革的原因，但它仍带有唯心主义色彩。

麦克莱伦指出，虽然马克思声称自己的结论是通过完全经验的分析得出的，但"异化"和"人的本质的实现"这些术语的运用表明马克思的分析并不完全是科学的。

奥伊则尔曼指出，《手稿》中的异化概念具有过渡性质。一方面，异化概念确定了一个经济事实，即劳动产品和生产活动本身的异化。另一方面，它又是在费尔巴哈的意义上使用的，即人的本质的异化和自我异化。

奥伊则尔曼认为：当马克思对社会关系，尤其是对抗性的社会关系进行历史的、经济的研究时，异化概念对他来说就失去了先前的意义，异化不再被看作解释社会关系形成的出发点，也不再起原先的作用，而是认为"异化是特定的、受历史制约的社会现象，这种现象本身要求从社会的经济发展中得到解释，并从中把它引申出来。"所以，奥伊则尔曼认为《手稿》中的异化概念带有一定的过渡性质，他说："在马克思主义的形成过程证明，马克思和恩格斯是在还没有以对社会的经济史和政治史的理论概括为基础对资本主义的历史、资本主义同以前社会形态的关系、生产力和生产关系在社会发展中的作用进行具体的历史的理解以前广泛使用'异化'概念的。"

第三种观点认为，《手稿》是一部不成熟的著作，持这种观点的代表人物是阿尔都塞。他认为，以1845年为界，青年马克思与成熟的马克思之间存在着"认识论的断裂"，1845年前是意识形态阶段，1845年后是科学阶段。《手稿》时期的马克思尽管在政治上已是共产主义者，但在理论上还不是一个马克思主义者。因为《手稿》中的"异化"、"人的本质"、"人道主义"等概念表明，它的"理论框架"仍然是黑格尔的理性主义和费尔巴哈的人本主义。所以阿尔都塞认为，根据马克思在《手稿》中的论述，标志着马克思已经站到了无产阶级和共产主义事业的一边，但是这并不意味着历史唯物主义就已经制定出来。

施密特认为，《手稿》具有抽象化和浪漫化的人本主义倾向，由于马克思没有经济史方面的正确知识，因此还未能完全从费尔巴哈的偶像化了的"人"与"自然"中解放出来。

总之，从20世纪30年代开始，西方学者对《手稿》进行了广泛深刻的研究，主要是围绕如何评价《手稿》中的异化理论而展开的，以此出发引发了所谓"青年马克思"与"老年马克思"的争论。到20世纪60年代末，学者们对《手稿》的研究开始转向文献学研究并取得了丰硕的成果。

（二）国内学者对《1844年经济学哲学手稿》的评价

国内对《手稿》的评价主要有两种观点：一种受西方思潮影响，认为《手稿》是马克思哲学思想的顶点与峰巅，后来的唯物史观——《资本论》不是发展，而是倒退。这种对《手稿》评价过高，高到同后来马克思的思想发展、同恩格斯、同全部马克思主义都根本对立起来，并且要求用他们所理解的《手稿》精神来修改或重新解释、批判全部的马克思主义，制造了所谓的"两个马克思"，这种观点被人们称为"顶点论"；另一种则受苏联研究影响，认为《手稿》仍然带有黑格尔、费尔巴哈的影响，是不成熟的著作，竭力贬低《手稿》的价值和意义。学者们就此展开了争论，见仁见智。

陈先达在其专著《走向历史的深处》中提出了《手稿》主题思想与论证方式的矛盾。他认为《手稿》以异化劳动作为基本理论和方法，因而它的主题和对主题的哲学论证之间存在着不相适应的矛盾。他指出，马克思关于真正的人和异化的人、真正的社会和异化的社会、真正的劳动与异化的劳动的对立，并以前者为尺度来衡量后者是不科学的，马克思对商品、货币的看法也表明他的思想不成熟。

孙伯鍨、张一兵在《走进马克思》一书中提出了《手稿》两条思路、两条逻辑的矛盾。他们认为，《手稿》中存在着以抽象的人的本质为出发点的思辨逻辑和以现实的经济事实为出发点的科学逻辑之间的矛盾。因此，《手稿》还不是一部成熟的马克思主义的著作，马克思第一次面对经济和经济学的时候，还不是一个成熟的哲学家，这时他还不可能得出唯物主义历史理论。

张一兵在《回到马克思》一书中进一步提出了两种语境、两种话语的矛盾。他认为，两种完全异质的理论逻辑和话语并行在《手稿》中，呈现了一种奇特的复调语境，《手稿》是一个由极其复杂的多重逻辑线索构成的矛盾思想体，并认为《手稿》里的相当一部分论述是不科学的。

张奎良在《哲学革命变革的源头和对历史之谜的解读》一文中则持相反意见，他认为，不应把《手稿》排除在"成熟"著作之外，《手稿》在马克思主义形成中具有里程碑式的地位和意义。此后的《关于费尔巴哈的提纲》、《德意志意识形态》都不过是《手稿》思想的进一步发挥和展开。马克思的实践唯物主义正是发源于《手稿》，在《手稿》中业已形成并表述了实践唯物主义的基本思想。此时的马克思已经完成了从唯心主义到唯物主义和从革命民主主义到共产主义的两大转变，基本上形成了实践唯物主义的思维方式和世界观。他后期的思想是对《手稿》思想的进一步升华。

黄楠森既不同意对《手稿》评价的"不成熟论"观点，认为这是对《手稿》的基本否定，也不同意"成熟著作"的提法，而是持"转变论"的看法。他认为，《手稿》是马克思从唯心主义和旧唯物主义向新唯物主义转变的最后时期，他对"人的本质"的理解、对实践的理解为唯物史观的形成做好了重要的准备。

王东在《解读马克思的三种模式——我国理论界对〈1844年经济学哲学手稿〉的探索及我们的见解》中又提出了"起点论"的全新评价。他认为，《手稿》是马克思哲学的创新起点，既区别于"顶点论"的过高评价，也区别于"不成熟论"或"矛盾论"的过低评价。他认为，《手稿》既不是马克思思想的顶点之作，也不是成熟之作，而是他哲学创新的起点之作、原创之作。从2002年起，他先后就此发表过6篇论文，出版专著《马克思学新奠基——马克思哲学新解读的方法论导言》，深入阐述了他这一观点。

阎树森在《创立马克思主义理论体系的开端——〈1844年经济学哲学手稿〉的解释与探讨》中认为，在《手稿》里，马克思第一次描述了马克思主义科学理论体系的宏伟大厦的轮廓。在理论批判和对资本主义现实批判相结合中，把政治经济学的批判和哲学的批判第一次结合起来。从剖析资本主义社会自身的发展规律的基础上，论证了它的未来发展趋势，合乎规律地第一次揭示了共产主义产生的历史必然性并且第一次阐明了关于共产主义社会的基本特征的科学预见，为创立无产阶级的科学理论体系作出了巨大贡献，并且阐述和总结了马克思在政治经济学、共产主义理论和哲学这三个方面在理论上取得了丰富的成果。

熊子云在《〈1844年经济学哲学手稿〉摘要》中认为，《手稿》作为马克思主义形成的决定性时期的产物，具有继往开来的意义。但是，马克思此时关于政治经济学的研究毕竟是刚刚起步，尤其是针对古典经济学最重要的科学成果——劳动价值论采取了否定的态度，由此可以看出马克思此时的经济学理论还是很不成熟的。但是马克思在《手稿》中完成了由唯心主义和革命民主主义向唯物主义和共产主义彻底转变的过程，并且开始把经济学、哲学、共产主义学说有机地结合起来，奠定了马克思主义学说的雏形。并且从

"研究与批判资产阶级经济学，开始了创立无产阶级政治经济学的过程"、"全面批判黑格尔哲学，为创立马克思主义哲学奠定基础"和"批判蒲鲁东改良主义和粗陋的共产主义，开始科学地论证共产主义"这三个方面，阐释和评价马克思在《手稿》中的思想。